武術「奥義」の科学

最強の身体技法

吉福康郎　著

ブルーバックス

●カバー装幀／芦澤泰偉・児崎雅淑
●カバーイラスト／中野耕一
●目次・章扉デザイン／中山康子
●イラスト／松本 剛
●図版製作／さくら工芸社

はじめに

それは私が文字通り六十の手習いで武術の稽古を始めてから、三年ほど経ったときのことである。ある学会で上京し、駅構内の雑踏を歩いていると、「吉福先生、待ってください。速くてついていけません！」と、後ろを歩いていた元サッカー選手で同じ歳の体育学教授から声を掛けられた。私は普通に歩いていたのだが、スッスッと人をかわしながら進んでいたようだ。

そう言えば、学内を歩いているとき、廊下の角から学生が不意に飛び出してきても、無意識の急停止や方向転換でほとんどぶつからなくなっていた。また、病院の待合室で座っていたとき、杖をついた老人がバランスを崩して倒れかかったのを、まわりの人が何の反応もできずに見守る中、ヒョイと立ち上がって支えたこともある。

さらには、長年悩んでいた腰痛から解放された。とくに筋トレに励んだわけでもないのに、二〇リットル入りの堆肥の袋を四つか五つ重ねて軽々持ち上げられるようになった。

どうやら、いつの間にか武術の歩法《ほほう》や身のこなしが体に染み込み、体に負担のかからない、すばやくて力強い動きが身についていたようである。

武術との出会いは、当時理事を務めていた人体科学会で、招待講演された武術家の甲野善紀さんの相手役を買って出たのが最初だった。甲野さんは、従来のバイオメカニクスの常識ではスピードの点でも力の点でもできるはずのない技を、何の苦もなく次々にやってのけた。

たとえば、「右拳でボディを突くので防いでください」と甲野さんは言った。打撃系格闘技の心得がある私は、予告された攻撃なら一〇〇パーセント防御する自信があった。ところが、防御の動作はおろか、突かれたという実感さえ湧かないうちに、甲野さんの拳はボディに当たっていた。突きの「気配を消した」のだという。

私が前傾姿勢になって甲野さんの胸を片手で押し、さらに別の人が両足で踏ん張って私の背中を支えていたのに、二人とも簡単に押し返された。また、甲野さんの片方の手首を両手で自分の腹部に引きつけるようにガッチリつかんでも、体ごとぐしゃりと押しつぶされた。

この武術との出会いは大きな衝撃であり、バイオメカニクスで解明したい、と研究者魂に火が着いた。そして、すぐさま甲野さんの稽古会に参加し、自ら技を学びつつ、解明する努力が始まった。道を歩いているときは歩法の練習、廊下の角を曲がるときはすばやい方向転換の身のこなしの工夫と、日常生活が稽古の場となった。そして、機会を見つけては、大学のスポーツ好きの同僚や、武道部を含む運動部の学生たちに練習相手になってもらった。

やがて私も「気配を消した」突きを、打撃系武道部の主将クラスにも確実に当てられるようになり、柔道部などの学生の体勢を軽く押し引きするだけで崩せるようになった。これで少しは技が身についたか、と嬉しく思った。

ところが、そんな自信を微塵に吹っ飛ばしたのが、太極拳の池田秀幸さんと日本伝合気柔術の岡本眞さんだった。ガラ空きのまま目の前に差し出された池田さんの顔面に「気配を消した」突きを出したところ、スッと姿が消え、逆に体当たりを食らって倒された。また、床に座った岡本さんが軽く伸ばした人差し指をこちらが握ってひねろうとしたところ、彼がわずかに指を動かしただけで、倒されてしまった。

その後は、この両氏の稽古会にも参加して教えを請い、さらに技の修得と解明を続けた。

このような経緯を経て明らかになったのは、武術の技術修得の本質が、たんに筋力やスピードを高めるのでなく、「体の使い方を質的に変える」点にあったことである。この質的な変化により、スポーツ的な動きよりもすばやく、かつ力強く技を掛けられることがわかった。もちろん、人間相手の技であるから、人体の構造を熟知し、その弱点を見事に突く力学的合理性も含んでいる。さらに、相手の動きを察知する視覚と触覚を巧みに欺《あざむ》き、情報を攪乱《かくらん》していることもわかった。高齢の師範が屈強な弟子を手玉にとって投げ倒す神秘の技が、けっして「やらせ」ではなく実在することも確かめられた。

本書は、私が自ら修得し、かつ科学的に解明できた技をわかりやすく解説したものである。本書の解説に従って無理のない練習を続ければ、年齢・性別・体力や体格によらず、誰でもある程度のレベルに達することができるであろう。また、「質的に変わった」体の動きは体を痛めることが少ないので、日常生活のいろいろな場面で効用がある。

本書で紹介することはできなかったが、新体道創始者の青木宏之氏、数学者でもある大東流合気武術の木村達雄筑波大学大学院教授、同じ流派の前林清和神戸学院大学教授、中国武術家の伊藤真一氏、それからこれらの方々との間に入って一緒に訪問し、ともに技を体験する労を執ってくださったイー・プラス社長の唐沢康弘氏にお礼申し上げる。また、私に怪我をさせないよう、優しく相手をしてくださったお弟子さんたちや稽古仲間、大学の同僚各位にも感謝したい。

最後に、自ら技を体験しつつ、魅力的な本に仕上げてくださったブルーバックス出版部の篠木和久氏にお礼申し上げる。

もくじ

第2章 筋力は武術にどこまで必要か

第3章 武術の基本技——手首を制して全身を制する

第4章　肩の動きを意識する

第5章　パワーとスピードの源――体幹

第6章　達人の身のこなし——武術特有の歩法

第7章　奥義神秘を解明する

序章

武術への招待——体の使い方を質的に変える

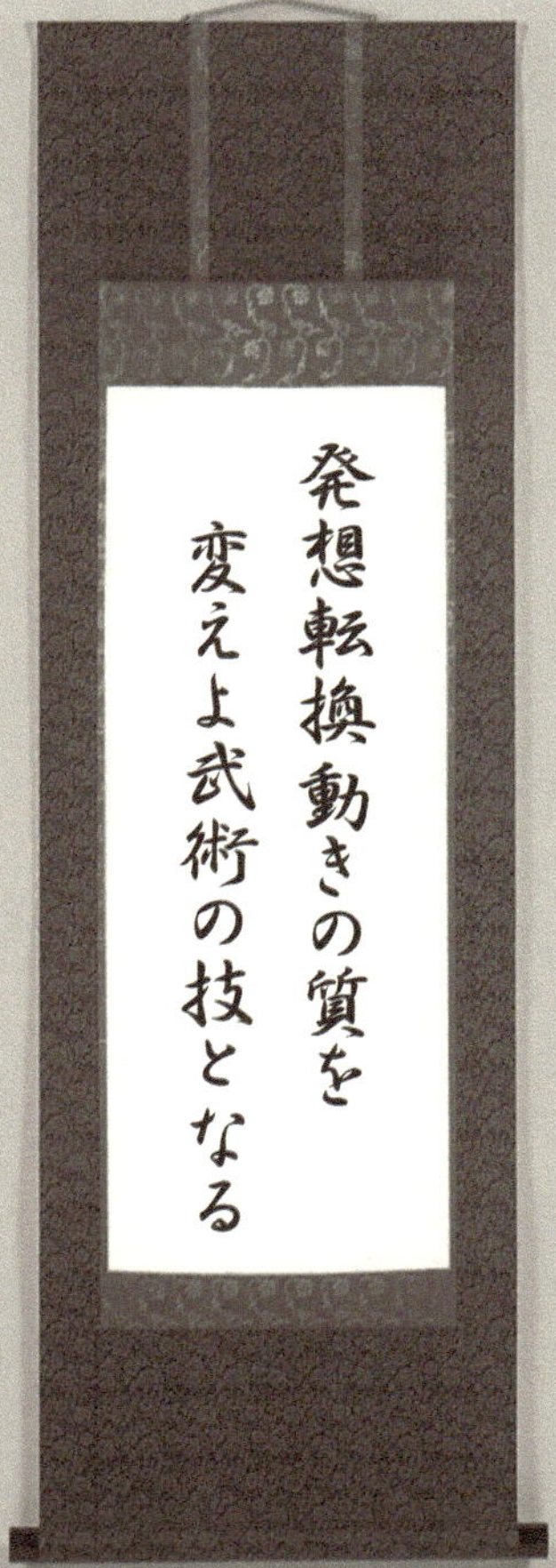

武術特有の体の使い方

現在、いろいろな格闘技の試合がテレビで放映される。強い選手に不可欠な条件は、筋力・パワー・スピードの体力要素である。もちろん、種目によっては持久力や身体の柔軟性、動体視力や反応速度（いわゆる反射神経）も重要な要素となる。選手たちは、年齢とともにこうした体力要素を維持できなくなると、高い技術を持っていても引退に追い込まれることになる。

ところが、いにしえの武術の達人たちは、かなりの高齢に達しても、体力旺盛な若手を寄せ付けない実力を保ったとされている。近いところでは、昭和の時代に活躍した合気道の開祖である植芝盛平翁は、ボクシングの日本チャンピオンだったピストン堀口のストレートパンチをいとも簡単に素手で鷲摑《わしづか》みしてみせたという。植芝翁の高弟・塩田剛三は身長一五四センチと小柄ながら、来日したロバート・ケネディの屈強なボディガードをあっという間に押さえ込んだという逸話で有名だ。同じく昭和から平成にかけて活躍された、大東流合気武術の佐川幸義宗範は、八〇代後半になってもなお、頭上めがけて手刀を振り下ろす弟子を、手で軽く触れるように止めただけで体ごと後方へ吹っ飛ばすことができた。こうした不思議としか思えない技の数々は、映像などに記録として残っている。

こう書いてもほとんどの人が、高齢の指導者を尊敬するあまり相手が手加減しているのではないかと、完全には信じてくれないだろう。彼らがなぜいとも簡単に倒されるのか、その仕組みが理解できず、「やらせ」とすら思えてしまう。

身体運動を力学・解剖学・生理学などから研究する学問にバイオメカニクスがある。従来のバイオメカニクス理論は、体力的な要素が大きな割合を占めるスポーツ的な動きを主に研究してきた。したがって、技術というのは体力要素を巧みに活用する方法であり、体力が衰えれば技術を活用することもできない、ということになる。

しかし、武術はスポーツよりもっと精妙な動きをするので、体力要素の比重が落ちる。それを踏まえたうえで、精妙な動きをバイオメカニクス的に考察する必要があるのだ。

このように従来の科学的視点からは理解しにくい武術の技の数々を、筋骨格構造に基づいた身体の合理的な動きの観点から解明するのが、この本の目的である。武術を修得するということは、言い換えれば「体の使い方を質的に変える」ということである。この他、視覚や触覚といった感覚や、バランスを保つ内部感覚の隙《すき》を突くといった技にも触れたい。

まずは武術特有の技から、力学的にわかりやすい具体例をいくつか取り上げてみよう。

「体を割る」とは

体の使い方を質的に変える最初のわかりやすい例は、武術家の甲野善紀さんが私を相手に見せてくれた技である。

　ＡとＢ二人が向かい合って立ち、互いに右手の平を下にして前方へ差し出し、二人の手の平が触れ合うよう重ねる。Ａは手をすばやく動かし、Ｂの手の甲を上から叩こうとする。Ｂは手を引いてそれを避ける（図０－１）。

　二人の手が接触していなければ、ＢはＡの手の動きを視覚によって知るしかない。Ａの手は自分の手の下に隠れているため動き始めが感知できず、反応が遅れることで比較的容易に叩かれてしまう。しかし手が接触していると、Ａの手が動き始めるのを触覚で感知でき、その瞬間に手を引くことで余裕を持って逃げられる。

　では、実際にどうなったか見てみよう。私（Ｂ）は、自分の手に向かって右下から上がってくる甲野さん（Ａ）の手を避けるため、肘を曲げて左手前へ逃げる用意をしていた。しかし、甲野さんの手はまるで私の手を下から上へすり抜けたと錯覚するほどのすばやさで、私の手の上に現れ、そのままピシャリと甲を叩かれた。まったく反応することができなかった。

　甲野さんは「自分の手は、相手の手がさらに下にあるがごとくそのまま叩きにいく。実際には相手の手は上方にあるので、手を上へ回さなければならないが、その動きは身体の別の部分を使って行う。つまり、自分の手を相手の手の上に移動してから叩くのではなく、移動の動作と叩く動作を同時に行う。このように、体の各部分を独立して同時に使うことを『体を割る』と言う」

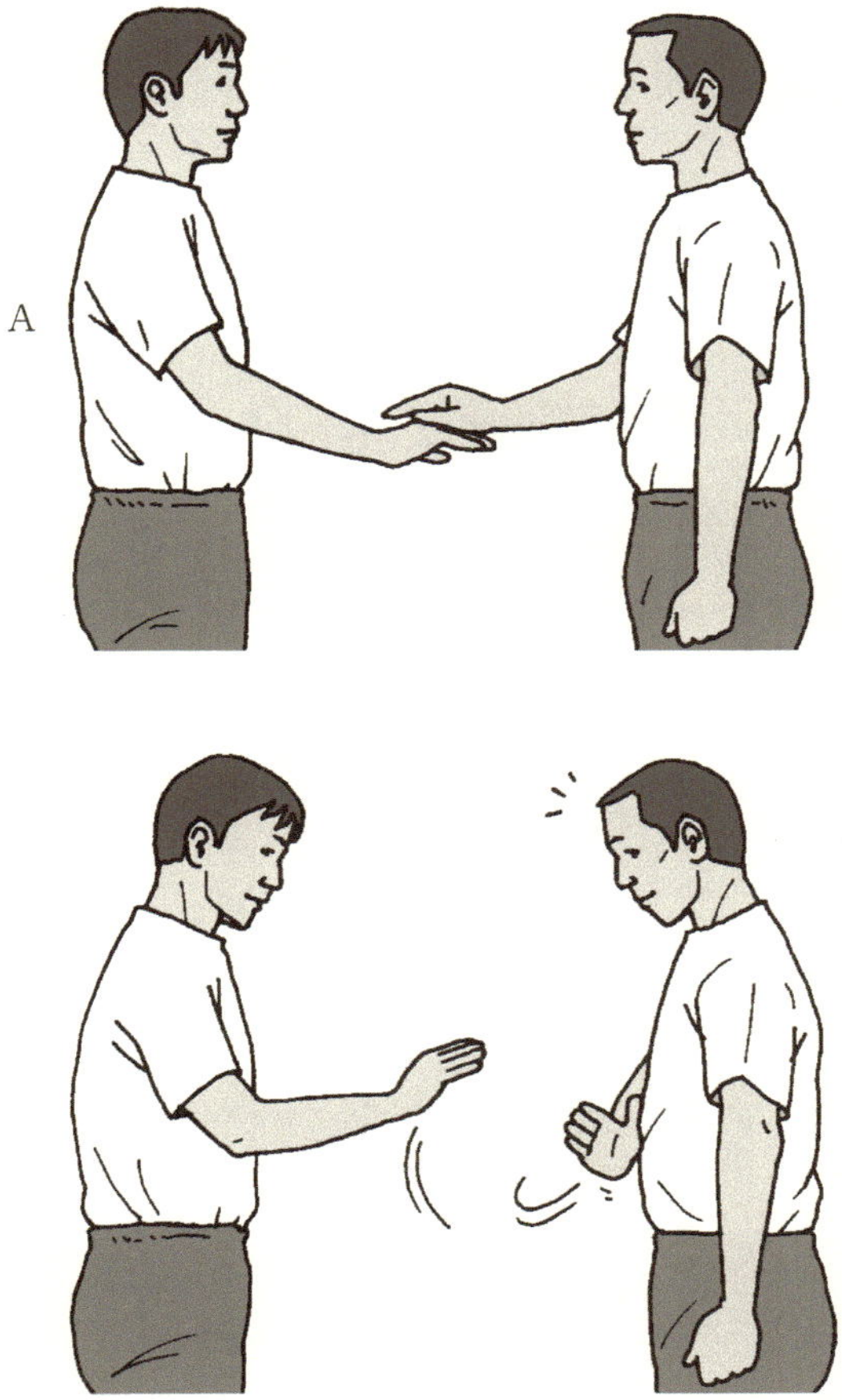

図0–1　下に置いた手をすばやく動かして相手の手を叩く
(上) Aが下にくるよう、お互いの右手を重ねる。
(下) Aは右手をすばやく動かしてBの手を叩こうとする。ただし、Bは手の平を通じ、Aの右手が動く瞬間がわかるので、容易にかわすことができる。

と説明する。

この技の発展形として、たんに手の甲を叩くのではなく、相手の手首をつかんで引きつけることもできる。「叩く」から「つかむ」＋「引く」と、行うべき動作の数が増え、それだけ難しくなる。

腕の動きを変える

私は甲野さんの説明をヒントに、バイオメカニクス的合理性を追求しながら練習を始めた。初めは相手の手をかすることすらなかったが、三ヵ月もたたないうちに、ほとんどの相手が「アッ」と驚きの声をあげるほどのすばやい動きで、手の甲を叩くことも、手首をつかんで引くこともできるようになった。「腕の動きが質的に変わった」のである。

自分の腕の動きをビデオカメラ（一秒間三〇コマ）で撮影してみると、手の部分のひどくぶれた像が二コマ映っているのみで、動作時間は約〇・〇七秒だった。刺激を受けてから動作が開始されるまでに〇・一秒以上かかる人間の反応速度からして、絶対に逃げられないわけである。なぜこれほどすばやくなったのか、通常の動きと比べてみよう。

武道有段者を含むいろいろな人にAの役（手を叩く役）を試みてもらい、腕の動きを観察した。彼らは例外なく、右肘の位置がほぼ完全に固定され、手首をまっすぐ伸ばした肘から先だけ

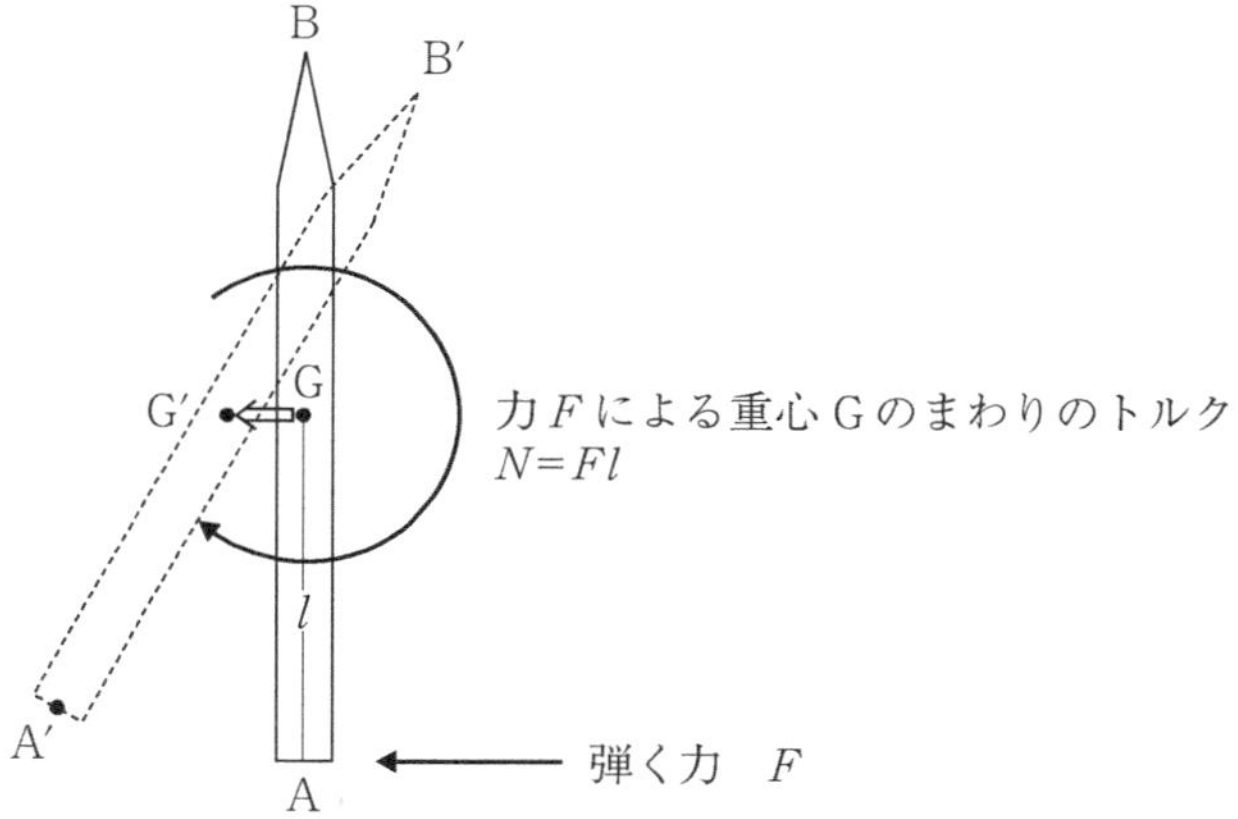

鉛筆の端Aを左向きに弾くと、重心Gは左に動くが重心まわりの回転により端Bは逆の右に動く。

図0-2　端の部分を弾かれた鉛筆はどう動くか

が、円錐《えんすい》を描くように動くことがわかった。手の先は相手の手の下から円弧を描いて上に移動し、叩く動作に入る。一方、私の腕は、肘が自分から見て右回りに、最初に右上向きに動くよう小さく回転した。それとともに手の先端が最初に肘とは逆の左下向きに動き始め、最小の弧を描いて相手の手の上に回り込んだ。肘関節はほぼ脱力していた。

質的に変わった腕の動きを力学的に説明しよう。

図0-2のように、机の上に置いた鉛筆の一端Aを長さ方向と垂直に指で弾くと、重心Gは当然弾いた向きに動く。しかし、弾く位置が重心から大きく離れているため、重心まわりのトルク（物体を回転させようとする「回転力」）が発生し、鉛筆は回転を始める。

重心運動と回転運動を合わせた結果、もう一方の端Bは弾いたのと反対向きに動く。

肘から先の部分（前腕と手）を鉛筆と見なすと、指で弾く端Aが肘、手の先がBに相当する。重心は鉛筆と違い、中央より肘寄りにある。重心まわりの回転運動によって先端（手）が動く速さは、鉛筆の場合より大きくなる。したがって、上腕の動きにより肘を動かすだけで、手は肘と逆向きに、図0－2の点Bよりもかなり大きく動く。とくに手首を脱力させておくと、遠心力によって手のほうが手首よりずっと大きな弧を描く。

次に、肘から先を動かすパワーと、その発生源となる筋肉について見てみよう。

肘から先をテニスのラケットにたとえてみよう（肘関節がラケットを握る手の手首に相当）。オーバーハンドサーブ中にラケットを振るパワーには、**回転パワー**と**並進パワー**の二種類がある。回転パワーはいわゆる手首のひねりによるパワーで、動員される前腕の筋肉が少ないためパワーが小さい。並進パワーはラケットを握る手そのものの移動によるパワーで、下肢を主体とする全身の筋群が動員され、大きなパワーである。熟練者は回転パワーにほとんど頼らず（手首はほぼ脱力）、並進パワーを利用することが知られている。

手の甲を叩くのに、肘を固定する通常のやり方では、肘の位置を動かすことによる並進パワーがまったく使えないことがわかる。肘から先を動かすために動員されるのは、肘関節を屈伸させる上腕の筋群と、上腕をひねる肩関節周辺の筋群だけである（腕の動きと筋肉について詳しくは

第1章で述べる）。テニスの初心者は、いくら手首を鍛えてもラケットがうまく振れない。並進パワーを巧みに使えるよう、全身のフォームを改良する必要があるのだ。手の甲を叩く技でも、肘の回転パワーだけでは、肘から先をすばやく動かすことができない。

この技で、甲野さんは全身の筋肉を動員する並進パワーを利用していることがわかった。手は確かに相手の手の甲を叩きにいくのだが、それが可能となるよう肘の位置を動かすのは全身の動きであり、「移動の動作と叩く動作を同時に行う」ことが実現している。甲野さんの「体を割る」との表現はこのように解釈できる（図0－3）。

さらに細かい技術として、動き始めに肘が上昇するとき、上腕の動きにつれて、自然に手の平が最初の水平の状態から鉛直（小指側が上）になるので、わずかな動きで相手の手の平の脇をすり抜けることができる。同様に動作の後半、肘が下がるのにつれて手の平が自然に水平に戻るので、叩いたりつかんだりするのに都合がよい。手の平の角度がこのように変わるよう、上腕の動きを細かく調整するのである。

なお、私が手首をつかむ技をかけたとき、意外なことにつかまれた相手は例外なく前方へ大きくよろめいた。手を動かすための全身の動きが、動きの流れの中でつかんだ手に大きな力を伝えたと解釈できる。もちろん、動きのすばやさのために相手がバランスを維持する反応が間に合わなかったこともある。

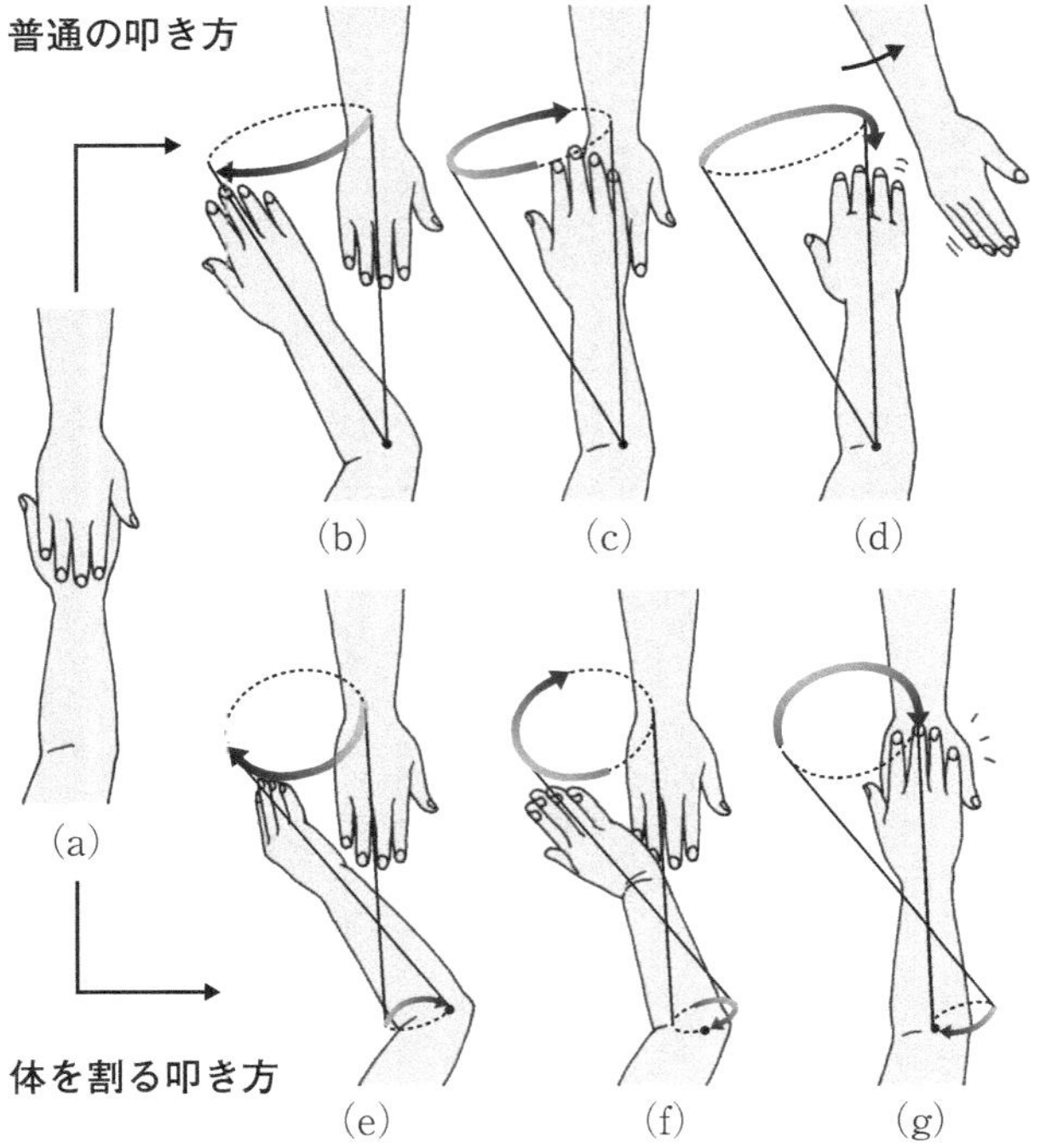

(a) スタート位置。
普通の叩き方　肘を中心に円錐状に腕を時計回りに動かし(b)、相手の上に持っていき(c)、叩こうとするが相手に避けられてしまう(d)。
体を割る叩き方　肘を時計回りに右上に小さく動かすと、重心まわりの回転運動により手首が小指側を上に回りはじめる(e)。肘をさらに回すと右手が背屈しながら相手の手の脇をすり抜けるように上がり(f)、肘を元の位置まで戻した反動で手首が水平になって相手を叩く(g)。普通の叩き方に比べて圧倒的に短い時間で動作が完了する。

図0-3　手の甲を叩く技

この技を体得して以来、稽古のとき相手の手をつかむだけでなく、つかみにきた手を払ったり、防御の手をかいくぐって突いたり襟《えり》をつかんだりする動作が非常にすばやくなった。全身の動きが質的に変わったのである。

すばやい太刀さばきを可能にする原理

肘から先（前腕と手）を刀に置き換えてみよう。肘を刀の柄《つか》の部分、手の先を刀の先端にあたる切っ先と考える。こうすることで、すばやい太刀さばきが実現する。

日本刀は柄まで含めて約一メートルあるが、重心は全体の中央よりも手元に近い切っ先から六〇センチほどの位置にある。このため、柄を動かすと重心まわりの回転によって、切っ先が反対向きに大きく動く。

たとえば、刀を正面の中段に構える正眼の構え（右足が前）に対して、相手が真っ向から斬り下げてきたとする。普通の人なら柄をしっかり握りしめて、刀を頭上前方に水平に移動させ受け止めようとするだろう。しかし、刃と刃がまともにぶつかれば、ひどい刃こぼれが生じるし、鎬《しのぎ》（刀の刃の側面の盛り上がったところ）で受けても、相手の刀の勢いが強ければ刀が折れるか、弾き飛ばされてしまう。

古流の剣術の受け方では、たとえば後ろに置いた左足を斜め左前に踏み出し、相手の刀の軌道を避けて全身を斜め左前に移動させる（踏み出す距離は相手との間合いによる）。それと同時に、刀を軽く握った両手を伸ばしたまま正面の頭上（最初の位置から見れば、左上前方）に振り上げる。図０－２と同じ原理で、刀の切っ先は右斜め下やや後方へ動く。刀の握りさえ柔らかければ、刀自身の重さも手伝うので、手で操作しなくても刀は自然に右半身に沿って防御する形に移動する（図０－４）。

これはテニスの熟練者と同じく、両手首のひねりによる回転パワーではなく、両手首の位置を動かすことによる並進パワーの利用である。

相手の刀はこの鉛直近くまで傾いた刀の側面に当たる。角度によっては相手の刀の刃が文字通り鎬を削り、鉄粉が摩擦熱で燃焼して火花が散るだろうが、刀の構造上、基本的には鎬と鎬が擦れ合うようにぶつかり、軌道を逸《そ》らされる。次の瞬間、刀をそのまま振り下ろせば逆に相手を斬ることができる。受けと反撃が滑らかな一気の動作で行われる。

この例では、相手の刀を避けて全身を移動する動作と、刀の柄を真正面に振り上げて防御しつつ斬り下ろす動作が同時に行われている。これも「体を割る」体の使い方である。仮にこの動きを表面的に捉え、「両手で握った柄を左斜め上へ持っていけばよい」と考えると、全身移動が疎かな腕だけの動きになって左右の腕のバランスが崩れ、斬り下ろす動作に狂いが出る。意識の上で、柄はあくまでも真正面に振り上げ、真正面に振り下ろしているのである。

図0−4　古流剣術のすばやい太刀さばき
(a) 右足を前に構える。
(b) 左足を左斜め前に運びつつ、上から斬り下ろしてくる刀を逸らすように受け流す。
(c) そのまま斬り下ろして反撃する。

(a)

(c)　(b)

回転力学で四方の敵をすり抜ける

複数の敵に取り囲まれ、四方から同時に攻撃を受けたとき、達人といえども対処することは難しい。何はともあれ、囲いを脱することが先決である。

太極拳無形塾を主宰する池田秀幸さんという達人がいる。私の勤める大学の道場で、武道好きの学生二人と私の三人で彼を取り囲み、目の合図で同時に攻撃を仕掛けたことがある。池田さんは、私に向かってスッと近づいてきた。私は両手を広げて捕まえようとしたが、その瞬間、彼の姿が目の前から消え、脇をすり抜けられてしまった。しかも、すれ違いざま、太股《ふともも》の内側をピシャリと叩かれていた。実戦なら股間の金的《きんてき》を攻撃されたのと同じだ。何度も試みたが、そのたびにするりと抜けられた。

池田さんの用いた太極拳の歩法は、足幅を広く腰を落とし両踵《かかと》を接地している。抜重《ばつじゅう》とそれに続く急加速を巧みに組み合わせていること、重心の動く向きと踏み出した足の接地点の関係を利用して、体をひねっていることがわかった。**抜重**とは、足にかかる身体の重みを受け止めることなく瞬間的に完全に脱力することをいう。武術家の中には「**膝を抜く**」という言い方をする人もいる。抜重を使って移動すると、力を溜める必要がないのですばやい動きが可能になる（詳しくは第6章で解説）。

これ以外に、池田さんも無意識に利用していると思われるすり抜け方を、甲野善紀さんの稽古会で教わった。

進路を妨害する相手に対し、たとえば左にすり抜けたいとき、ほとんどの人はフェイントも兼ねて右足を右に踏み出して体重をかける。力を溜めた右足を右へ蹴ることによって体を左に急加速する。重心が進む向きより右側に着地し、結果としてブレーキをかけたことで体は右回りに回転する。こうして、相手に顔を向けながらすり抜けるわけである。

ところが甲野さんは、右足の裏全体を真正面にポンと置き、上半身を左に傾ける。まるで甲野さんが自分にぶつかってくるかのように見える。しかし次の瞬間、体は左回りに回転し、相手に背を向けながらすり抜ける。「ぶつかった」の「ぶつかっ」までは確かに体が見えているのに、「た」の瞬間、体が消えてすり抜けられてしまったのだ。

何ヵ月か練習を重ねるうちに、上半身を左に傾けると体が自然に左回転を始めることに気がつき、これをヒントに、この技の謎を力学的に解明することができた。キーワードは角速度と角運動量である。

角速度は、物体がある基準点のまわりに回転する速度のことで、回転軸の向き（物体が右ネジになったとして、そのネジが進む向き）と、回転の速さ（一秒当たりの回転角）で決まる。**角運動量**は、物体がある基準点（ふつうは角速度と同じ基準点）のまわりに回転する勢いのことで、

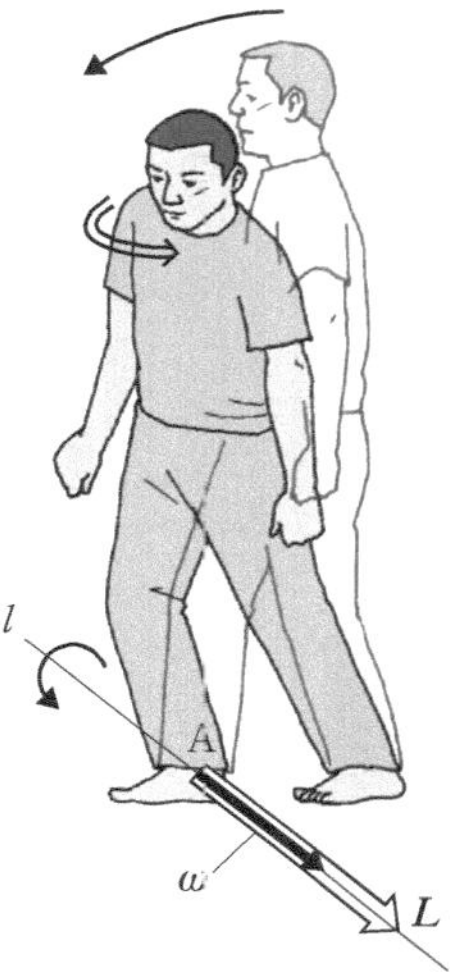

図0−5　すり抜けの技
足を体の真正面に着地させると、前進の勢いが点A（足首）のまわりの回転に変わる。続く第二段階で上体を左に倒すと、体が左にひねられる。

やはり向きと大きさを持つ。回転の力学という見方でこの技を眺めると、

①右足を真正面に着地すると、体が着地点のまわりに縦回転を始める。

②上体を左へ倒して体勢を変えると、左に傾いた回転軸のまわりに体を左にひねる動きが生じる。

の二つの段階に分かれる。

第一段階で、右足を真正面に着地すると、図0－5のように体は着地点A（厳密には足関節）を基準点として前方へ回転する。着地点から左右に伸びる水平な軸lのまわりの回転である。第一段階で、体勢がほぼ左右対称と見なせるなら、角運動量$\boldsymbol{L}$も角速度$\boldsymbol{\omega}$もlに平行な向きである。着地の瞬間、図0－2とほぼ同様の原理で、重心に比べ頭が急に速く前方へ移動す

る。目の前にいる相手は、いきなり頭突きでもされたような錯覚を覚える。

この原理は、武術のいろいろな場面で応用されている。剣道では竹刀を振り下ろしたとき、両手で柄を絞るように握って急停止させるが、こうすると竹刀の先端が急加速する。中国武術の剣は日本刀ほど切れ味が鋭くないので、勢いが必要である。片手で振りかぶった剣を振り下ろし、剣先が相手に当たる直前、もう一方の手で下から柄を握った手を受け止める。柄は急停止するが、やはり剣先はスピードが増す。

第二段階は、空中で前方宙返りをしている体操選手が体をひねる原理と同じである（図0-6）。空気による小さな力を無視すると、選手の身体重心Gを基準点とする角運動量が一定の値を持つ。左右対称の体勢なら、角速度ω_0と角運動量$\boldsymbol{L}$は同じ向き（体を左右に突き抜ける軸lに平行）である（図0-6a）。

図0-6bのように、宙返りをしている選手が両腕を左右非対称に動かして体勢を変えると、角運動量$\boldsymbol{L}$は不変だが、角速度のほうは大きさも回転軸の向きも変わったωになる。この回転は、傾いた体を左右に突き抜ける軸l_1のまわりのゆるやかな前方宙返り（角速度ω_1）と、頭と足を結ぶ軸l_2のまわりの急回転＝ひねり（角速度ω_2）を合わせたものである（図0-6c）。

すり抜ける技では足が接地しているので、厳密には宙返りからひねりを生むのと条件が異なるが、そっくりの現象が生じることを計算で確かめることができた。

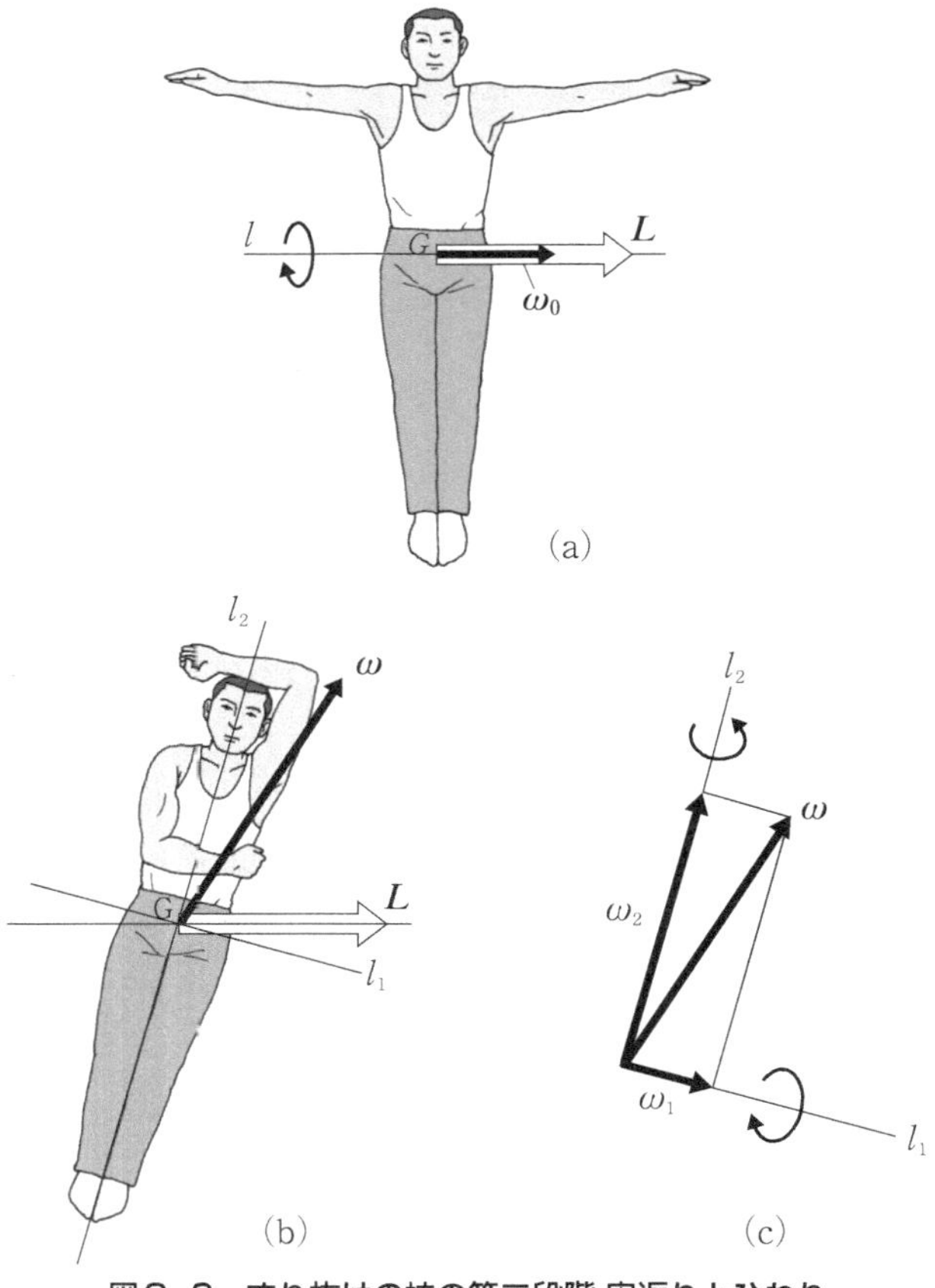

図0-6　すり抜けの技の第二段階 宙返りとひねり

(a) 左右対称な姿勢での前方宙返り。角運動量$\boldsymbol{L}$と角速度$\boldsymbol{\omega}_0$が平行。

(b) 空中で姿勢を変えると、角運動量は変わらず、角速度が$\boldsymbol{\omega}$に変わる。

(c) ゆるやかな前方宙返り（ω_1）と高速のひねり（ω_2）が生じる。

相手に頭をぶつけるように前方へ回転（体操選手の前方宙返りに相当）しながら上体を左に倒す（同じく左右非対称な両腕の動きに相当）と、角運動量は一定と見なせるが角速度が変化し、前方への回転に加えて、鉛直よりやや左に傾いた回転軸のまわりに体が左に急回転を始める（図0－5）。右肩が前へ出た半身になるので、左足をひねりに沿って左前へ運べば、ぶつかることなくすり抜けられる。

このひねりには自分が力を出す必要がなく、上体を倒しさえすれば自動的に生じるので、相手は予測のしようがない。気がついたときは、すり抜けられているのである。

注意点としては、右足は真正面に「ポンと置く」のであって、右寄りに着地すると、体が逆の右回りに回転して失敗する。また、けっして次に体をひねろうと力を溜めてもいけない。

武術の動きがどれほどすばやく予想がつかないといっても、すり抜ける瞬間「体が消える」現象は、体験するまでは信じられないだろう。しかし最近、学生から「先生の体が消えた」とよく言われ、私のレベルでもこの技ができることがわかった。これについては第7章で説明する。

いずれにしても、たんに筋力やパワーに頼るのではなく、体の使い方を質的に変えることで想像以上に強く、すばやい動きができることをわかってもらえただろう。次章からは、この合理的な身体技術としての武術をさらに詳しく探っていくことにする。

第1章　人体の構造を知り抜いた武術の動き

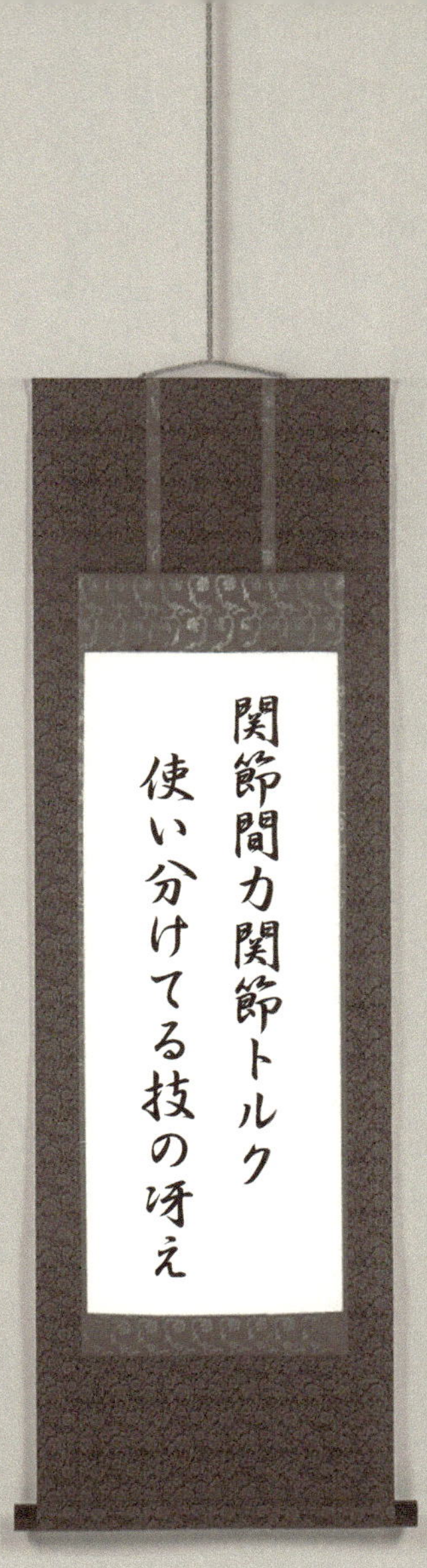

人体の仕組みと性質を知る必要性

人間の身体には、二〇六個の骨に付着した約六〇〇の筋肉がある。筋肉が収縮し、関節でつながる骨の相対的な位置が変わることで、身体の運動が生じる。どれほど精妙な動きも、最終的には多数の筋肉がタイミングよく収縮し、その力が骨格に伝わって動くことで生じる。こうした筋骨格構造と筋肉自体の性質を知ることは、合理的な動きを探求するためにも非常に大切である。

合理的な動きといっても、スポーツと武術では意味合いが異なる。スポーツでは一般に強い力やパワー、大きな速度を重要視する。具体的に言えば、力とは筋力のことであり、それによって相手（あるいは物体）をどれだけ速く動かせるかという単位時間当たりの仕事量がパワーである。したがって、パワーを最大にする効率的な力の使い方も重要になる。武術でもこれらの要素が必要なことに変わりはないが、その裏をかいて相手に力を出させなくしたり、動きを相手に察知されないような身体操作を重んじ、時にはスポーツでは考えられないようなすばやい動作を実現する。

関節の動きは、その構造によって単純なものから非常に複雑なものまである。全身の主な筋肉と骨格について図１－１にまとめた。図１－１は**表層筋**（アウターマッスル）だけで、いわゆる**深層筋**（インナーマッスル）は含まれていない。図１－２に各関節での動きを示した。

序章でも述べたが、武術の達人が見せる高度な技を「そんなことできるはずがない」とか「弟子が老先生を尊敬するあまり、わざと負けている」などと誤解する人がいる。しかし我々の身体は驚くほどの可能性を持っている。人体は、精妙な動きが可能な、極めて精密な機構を持っていることを忘れないでほしい。スポーツもそうだが、とくに武術は、人の動きの技術的可能性を最大限に活かしている。

筋腱複合体としての人体

最近は外見上、人間と同じように動く精巧なヒト型ロボットがつくられている。そこで、このヒト型ロボットと比べることで、人体がいかに複雑な動きを可能にする精密な構造を持っているか説明してみよう。武術でもスポーツでも、自分の体の仕組みについて深く知っておくことは重要だ。身体の自己像が誤っていると、その自己像につられて誤った動きをしたり、無意識に動きを制限してしまうからである。

ヒト型ロボットは基本的に、人体の骨格にしたがって腕や指、足などをパーツとしてつなぎ合わせ、そのつなぎ目にモーターを入れた機構となっている。

一方、人体は、骨格をつなぐのは関節で、それを動かすのはモーターではなく、骨に付着した筋肉である。しかも、ひとつの関節の動きだけに関わる**単関節筋**とは別に、複数の関節をまたぐ

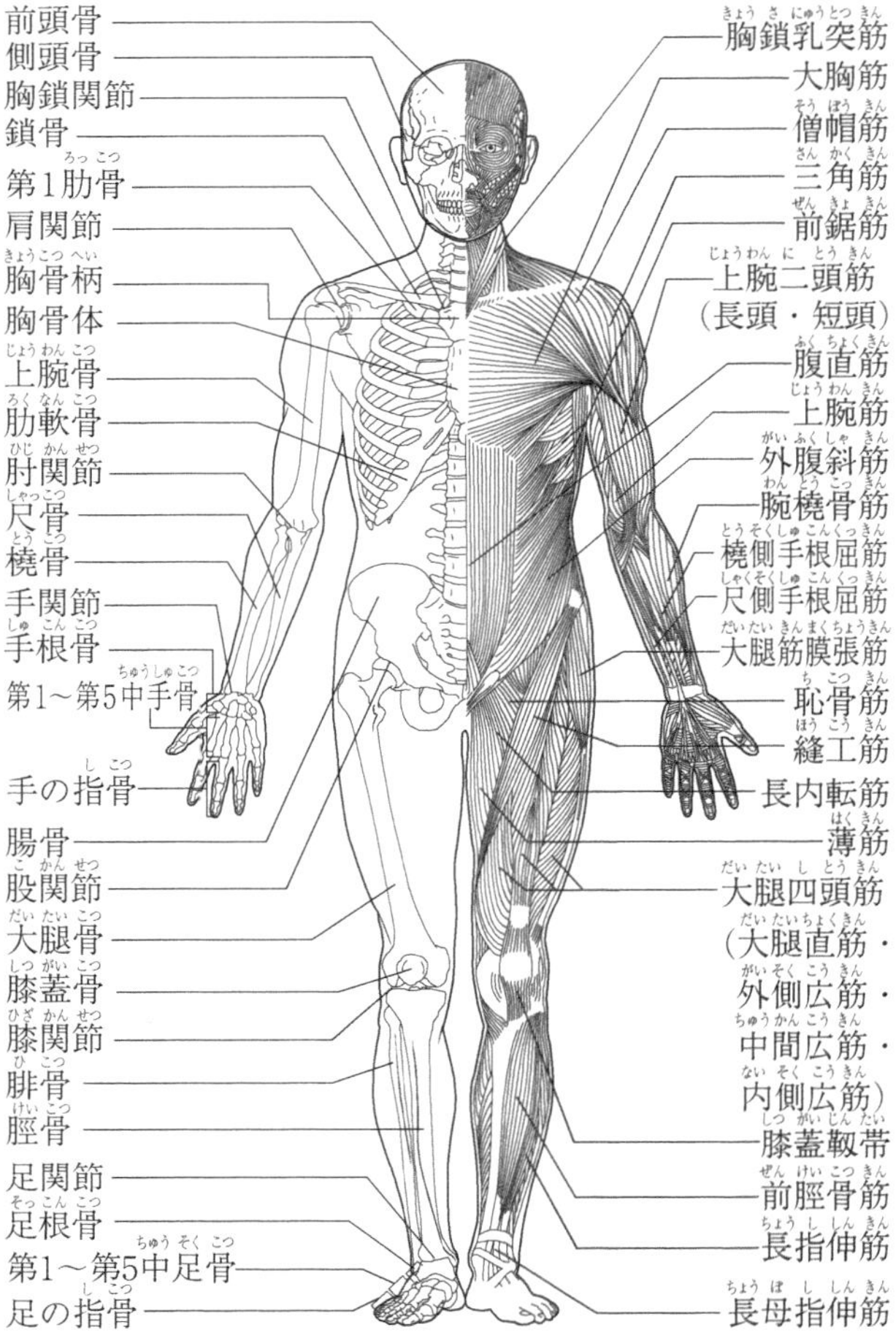

図1－1　全身の筋肉と骨格（右が前面、左が背面）

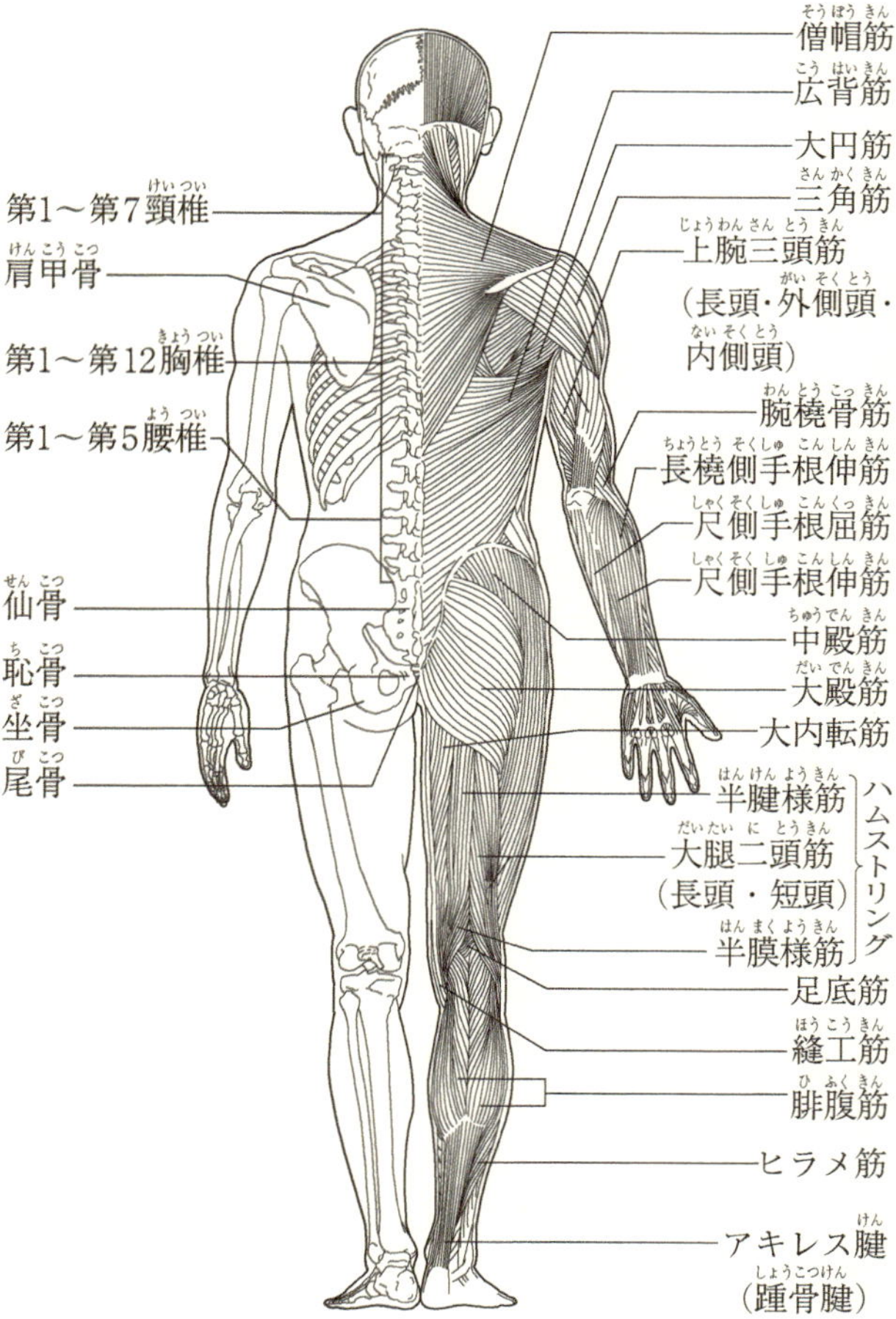

第1～第7頸椎《けいつい》
肩甲骨《けんこうこつ》
第1～第12胸椎《きょうつい》
第1～第5腰椎《ようつい》
仙骨《せんこつ》
恥骨《ちこつ》
坐骨《ざこつ》
尾骨《びこつ》
僧帽筋《そうぼうきん》
広背筋《こうはいきん》
大円筋
三角筋《さんかくきん》
上腕三頭筋《じょうわんさんとうきん》
(長頭・外側頭《がいそくとう》・内側頭《ないそくとう》)
腕橈骨筋《わんとうこっきん》
長橈側手根伸筋《ちょうとうそくしゅこんしんきん》
尺側手根屈筋《しゃくそくしゅこんくっきん》
尺側手根伸筋《しゃくそくしゅこんしんきん》
中殿筋《ちゅうでんきん》
大殿筋《だいでんきん》
大内転筋
半腱様筋《はんけんようきん》
大腿二頭筋《だいたいにとうきん》
(長頭・短頭)
半膜様筋《はんまくようきん》
ハムストリング
足底筋
縫工筋《ほうこうきん》
腓腹筋《ひふくきん》
ヒラメ筋
アキレス腱《けん》
(踵骨腱《しょうこつけん》)

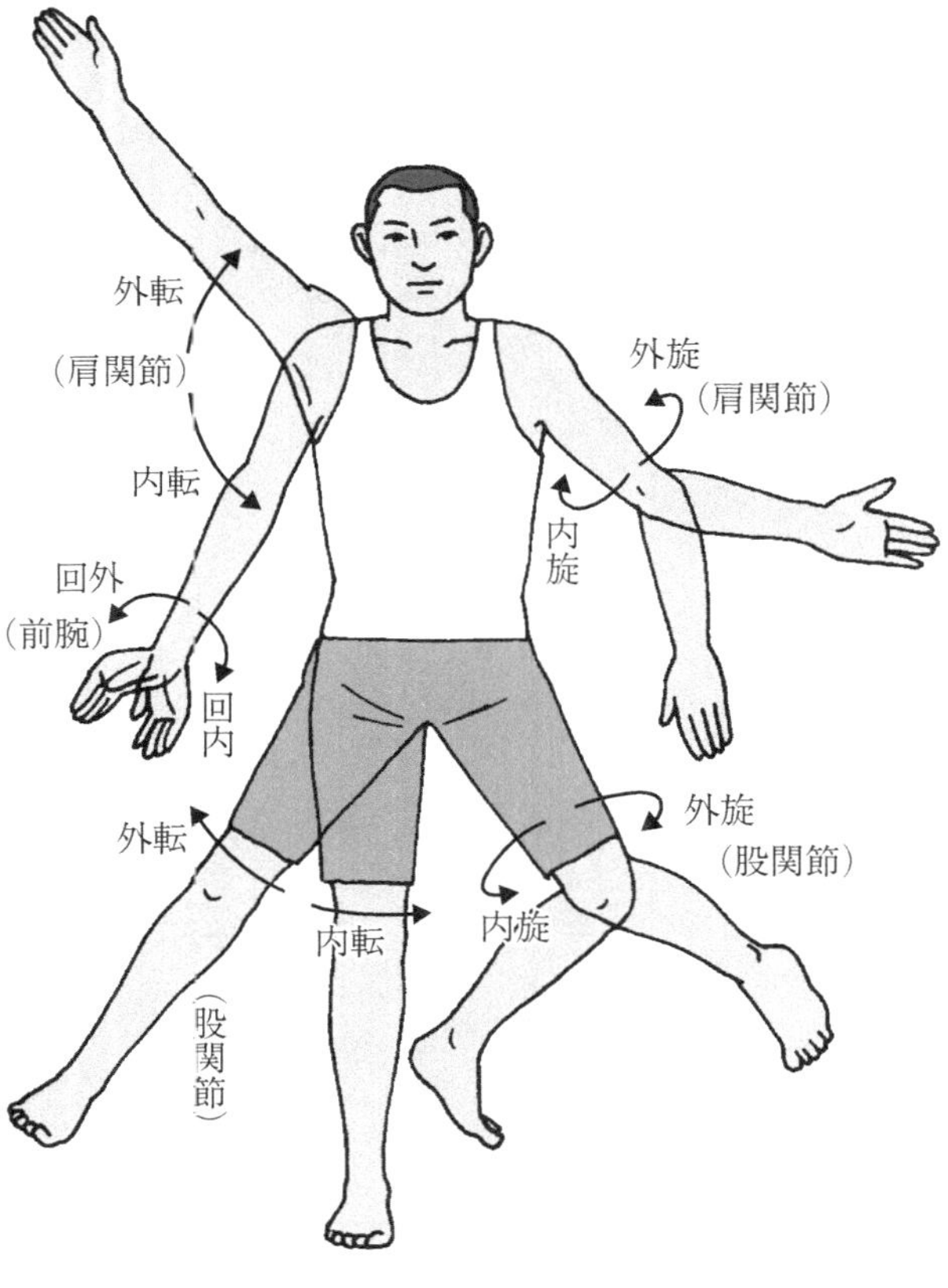

図1-2　主な関節の動き
右が前面、左が側面。左下が真上から見た肩の動き

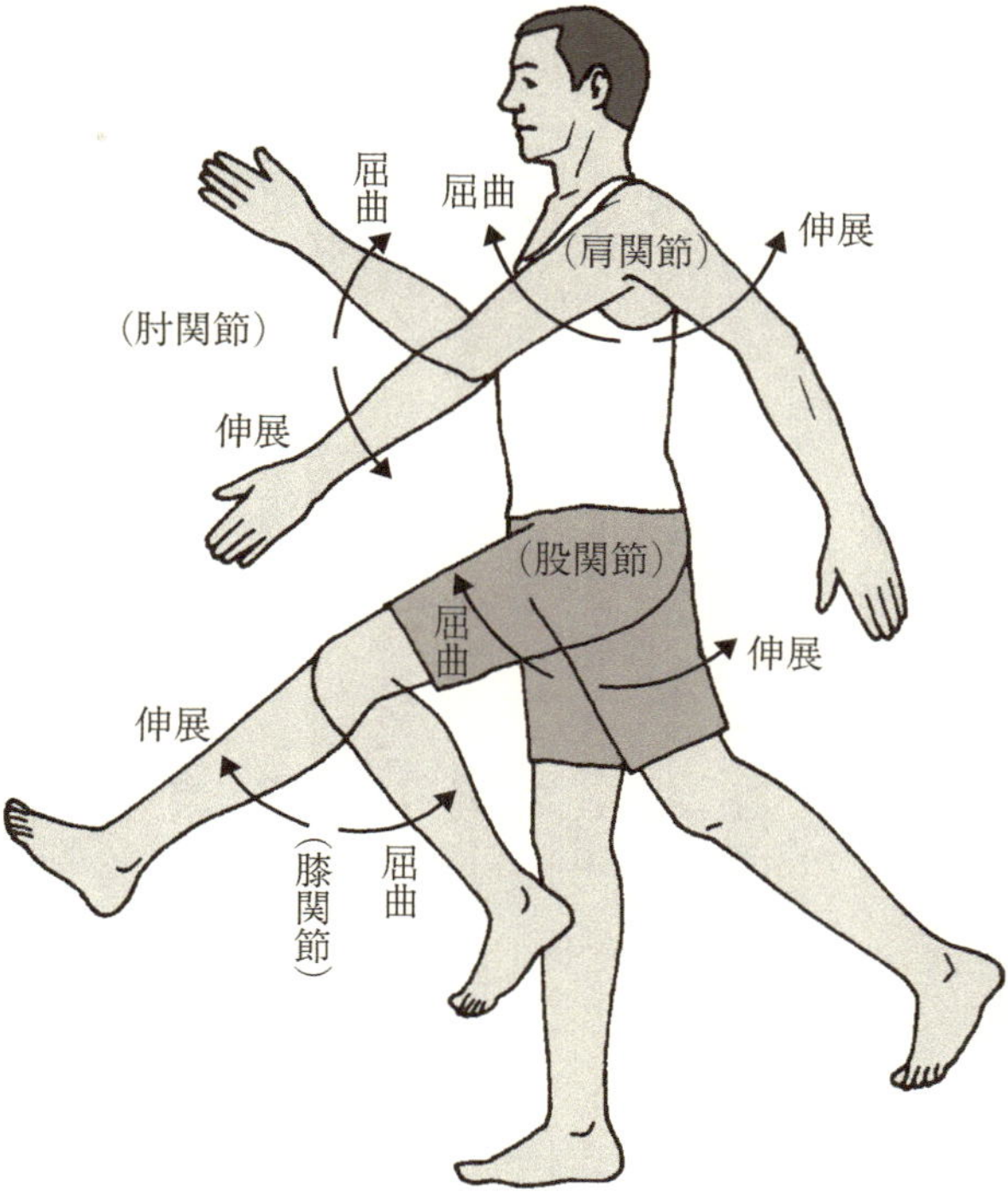
屈曲
屈曲
伸展
（肩関節）
（肘関節）
伸展
（股関節）
屈曲
伸展
伸展
屈曲
（膝関節）

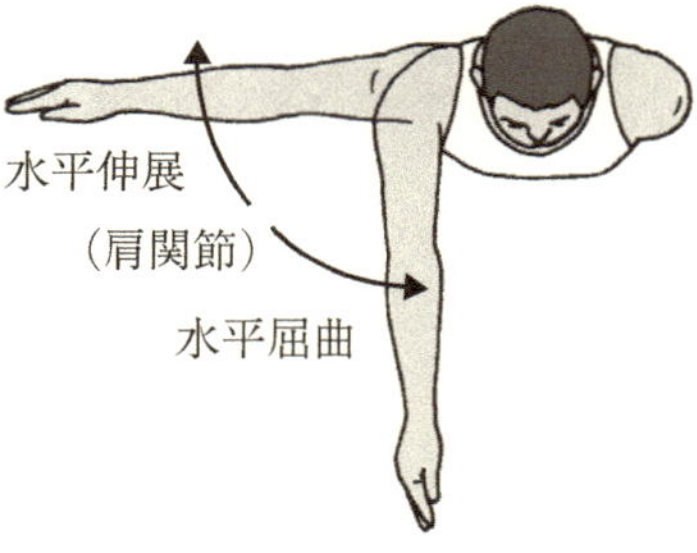
水平伸展
（肩関節）
水平屈曲

多関節筋が存在する。多関節筋の中でもとくに重要なのは、二つの関節をまたぐ**二関節筋**である。こうした多関節筋の存在によって、一つの関節の動きが他の関節の動きに影響し、体の中心部に近い大きな筋肉の発揮した大きなエネルギーが末梢の小さな関節に伝わり、その関節が単独では出せない大きな力やパワーを出す仕組みがある。

筋肉の両端にあって筋肉と骨をつなげる組織を**腱**《けん》という。筋肉が短縮することによって腱が引き伸ばされ、バネのようにエネルギーを蓄えてから一気に放出するという働きをする。筋肉と腱が一体となって働くので、まとめて**筋腱複合体**と呼ぶ。

多関節筋と筋腱複合体の存在によって、身体は筋肉の出したエネルギーを効率よく利用して各部分を動かし、外部に働きかけることができる。

たとえば屈曲・伸展だけをする単純な関節では、最少限、屈曲用と伸展用の二本の筋肉があればよい。ロボットなら、正回転と逆回転のできるモーターが一つあればよいことになる。ところが人体の関節には、多関節筋を含め、最少必要数よりずっと多くの筋肉が関わり、効率を高め、状況によって使い分けられている。

テコの集合体としての骨格

人体を骨格、筋肉、腱の集合体と考えると、図1-3のように、骨格はテコとして働く。支点

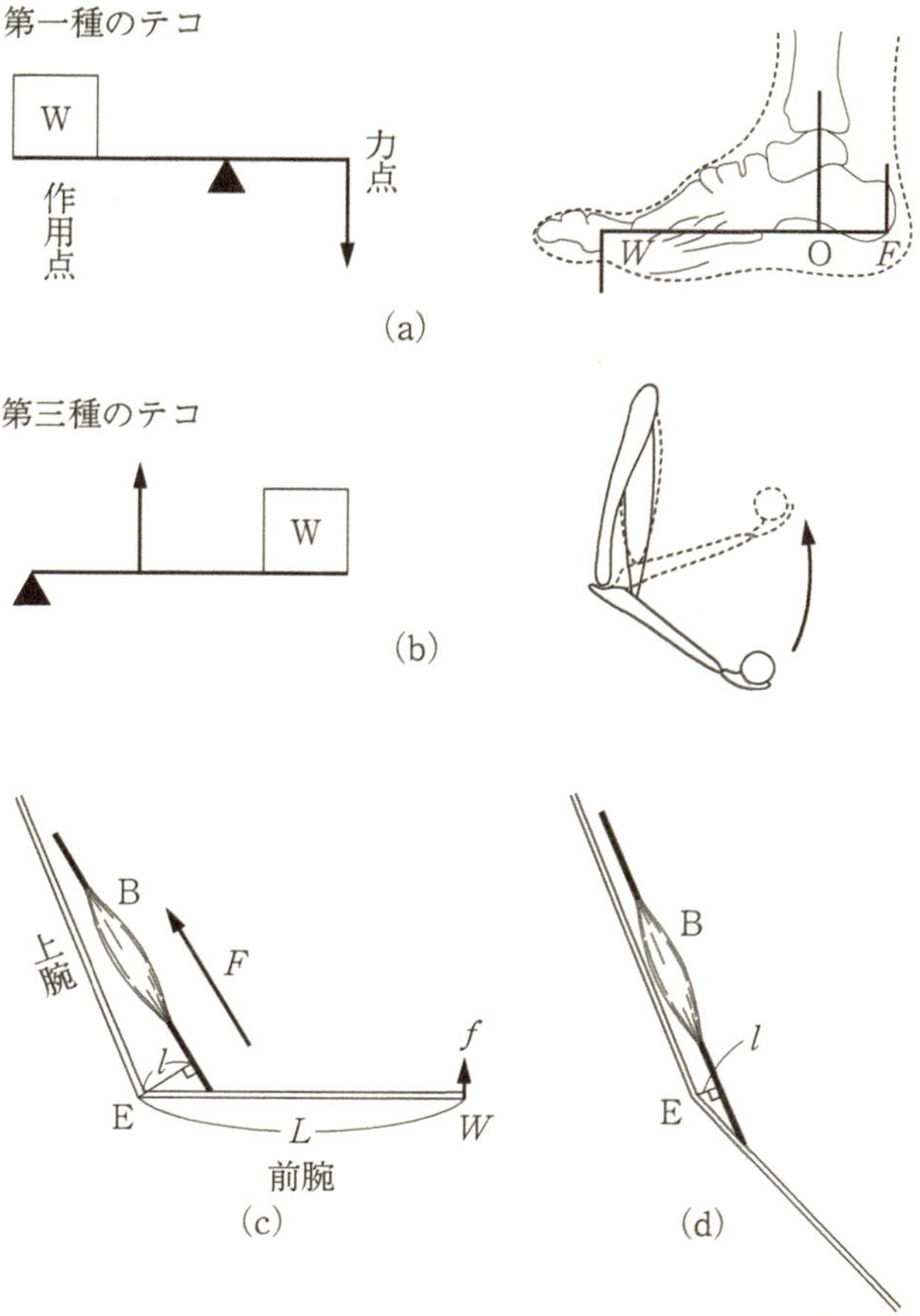

(a) 第一種のテコ（テコの図と足関節は上下逆の関係）
(b) 第三種のテコ　(c) テコ比 $L:l=F:f$ は関節角度による
(d) 肘が伸び切ると力 f が l に比例して非常に小さくなる

図1-3　人体はテコの原理で動く

となる関節の両側に、筋肉が付着した部分（力点）、外部に働きかける部分（作用点）がある**第一種のテコ**と、支点・力点・作用点の順に並んだ**第三種のテコ**がある。

足関節の図で、接地したつま先が動かないことから、ここを支点、上方へ動く足関節を作用点と考え、支点・作用点・力点の順に並ぶ第二種のテコと誤解されることがある。骨格に第二種のテコは存在しない。つま先を接地した足関節が第二種のテコに見えても、作用点と力点に働く力の大きさの関係は、第一種のテコである。

この図のように、作用点と力点に働く力が平行なとき、支点から作用点までの距離と力点までの距離の比を「テコ比」という。力点に加わる筋肉の収縮力と、作用点で外部に働く力の比は、テコ比に等しい。たとえば、肘関節のテコ比を五とすると、屈筋の収縮力が五のとき、手首付近を動かす力は一になる。その代わり、筋肉が一の距離だけ短縮すると、手首付近は五だけ動く。このように、テコ比が大きいほど作用点の力が小さく動きが大きくなり、力で損して動きで得する。力の損と動きの得を合わせると、筋肉が収縮して発揮した仕事もパワーも、損得なく外部に伝わるのである。

一般に、身体が外部に作用させた力より、身体内部に生じる力のほうが数倍大きい。跳躍の踏み切りの瞬間やアームレスリングで、丈夫なはずの腱や骨が損傷するのはこのためである。

このテコ比は、関節の角度によって変わる。関節角度が大きくなるほど、支点から力点までの実質距離lが小さくなるからだ。腕相撲で負けそうになったとき、なるべく肘を九〇度くらいに保てば、テコ比が大きくなりすぎず耐えやすい。

テコ比は関節ごとにかなり異なり、足関節のようにつま先の動きは遅いが大きな力の出せる関節（テコ比が小さい）と、逆に膝関節のように足首付近の動きは速いが力で不利な関節がある。また同じ関節でもある程度の個人差がある、といわれている。

武術では関節技にかぎらず、人体の関節の仕組みを重要視している。体のどの部分に、どの方向から、どのような力をかけたら効果的かを知り抜いているのだ。以下の項では、武術家が経験的に知っている人体の関節に働く力の仕組みを、バイオメカニクスの観点から捉えなおしてみる。武術の技が、非常に合理的な身体技術であることが理解できるはずだ。

関節間力――骨組みを伝わる力

図１-３で見たように、人体の動きは、筋肉の収縮力が骨を引っ張って関節まわりに回転させ、その動きが他の関節を通して次々に他の骨に伝わることで生じる。そこで、関節と関節の間に作用する二種類の基本的な力を説明しよう。関節間力とトルクである。この二つの力は、ほとんどの場合同時に発生するが、あくまでも別の力である（トルクは力そのものではないが、わかりやすいよう「広義の力」としてまとめた）。

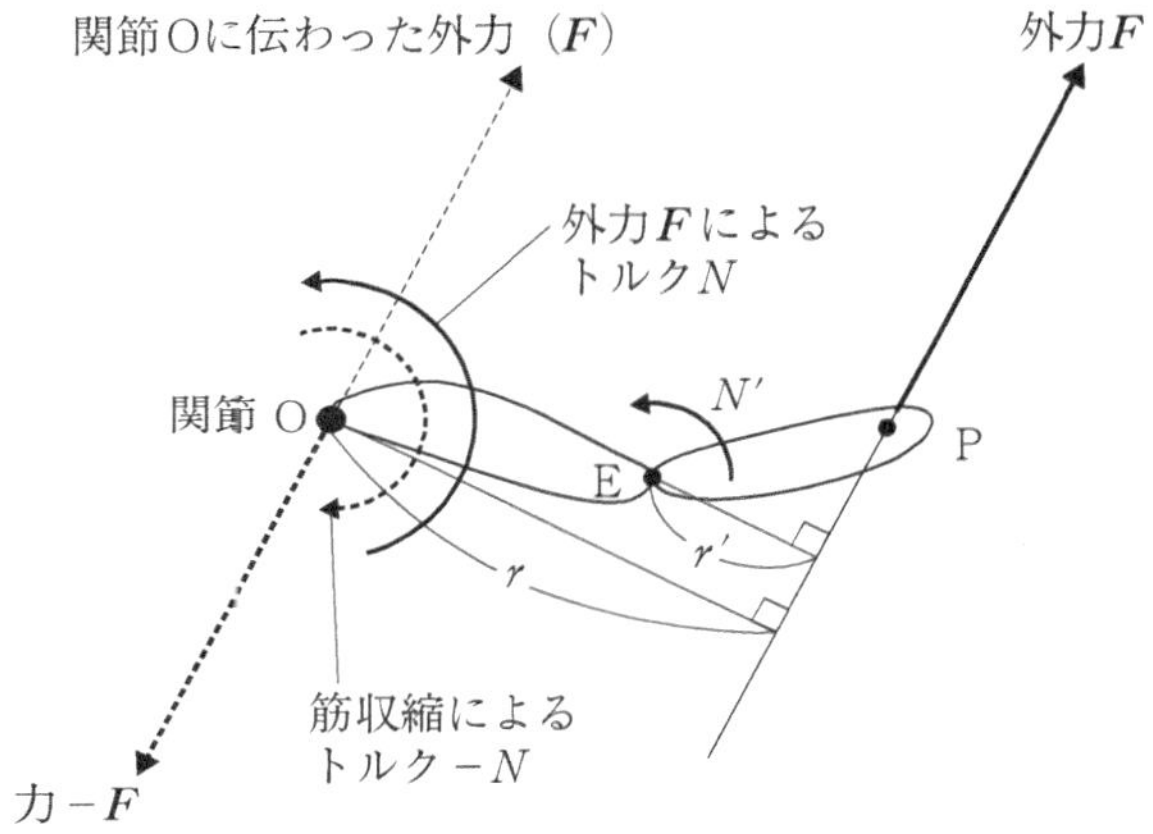

外力$\boldsymbol{F}$とそのトルクNに対抗するため関節Oに生じる力$-\boldsymbol{F}$と筋収縮によるトルク$-N$

図1−4　関節にかかる力と関節間力

図1－4は、点O（たとえば肩関節とする）を中心に回転する身体部分（上肢）の点P（手首）に外力$\boldsymbol{F}$が加わったとして、上肢がその外力に耐えて変形せず動かずにいる状態である（説明を簡単にするため上肢自身の重さは省略した）。力は大きさと向きの両方を持つベクトル量なので、向きも含めて表すときはF（力の大きさ）でなく$\boldsymbol{F}$と太く書く。

このとき上肢の重心を動かさないためには、釣り合いの力として、胴体から肩関節Oを通して外力と向きが反対で同じ大きさの力$-\boldsymbol{F}$が作用する。作用反作用の法則により、上肢を支える胴体には、肩関節Oを通して外力と向きも大きさも同じ力（$\boldsymbol{F}$）が作用する（外力$\boldsymbol{F}$と区別するため、とくにカッコをつけた)。見方を変えると、上肢の一点Pに加わった外力が、そのまま胴体に伝わったのである。一般に、相手の力に対抗して動かないよう頑張れば、必ずその力が全身に伝わる。

肩関節に作用する、大きさが同じで逆向きの二つの力(***F***)と−***F***を**関節間力**という。(***F***)は上腕骨から胴体に伝わる力、−***F***はその反作用として、胴体から上腕骨に加わる力である。

具体例を挙げよう。両脚を伸ばして立っているとき、片方の膝関節（大腿骨と下腿の脛骨《けいこつ》をつなぐ）に生じる関節間力は、体重（膝より先を除く）の半分である。次に、スクワットのように膝を曲げて静かにしゃがんでいくとする。このときも膝関節に膝より上の体重がかかっていることに変わりはないので、関節間力は膝の角度によらず一定（体重の半分）である。一方、曲がった膝関節の角度を保つには大きな伸展力（次に説明するトルク）が必要で、太股前面の大きな筋肉が体重よりずっと大きな収縮力を発揮する。この筋肉の収縮力が、付着する大腿骨と脛骨に作用する。

別の見方をすれば、大きな外力、すなわち大きな関節間力に耐えることができる関節角度（膝を伸ばした状態）では、パワーを出すことができない。一方、筋肉の収縮によってパワーを発揮しやすい関節角度（膝を曲げた状態）では、逆に大きな力に耐えることができない（ずっと膝を曲げた状態で立っていることは難しい）、という関係なのだ。

この点を理解したうえで、次に説明するトルクと対比するため、関節間力を「**骨組みを伝わる**

力」と呼ぶこともできる。

トルク——関節角度を変える回転力

こうして上肢に作用する二つの力$\boldsymbol{F}$と$-\boldsymbol{F}$により、上肢の重心は動かず釣り合うが、これらの力は上肢を図の左回りに回転させる働きを持つ。一般に、力が物体を回転させる能力のことを**トルク**（または「力のモーメント」）といい、文字Nで表す。

まず、外力が上肢を関節Oのまわりに回転させるトルクNは、

トルクN＝力の大きさF×テコの腕 r

で定義される（図の実線の円弧を描く矢印）。「テコの腕」とは正式には「テコの腕の長さ」のことで、点Pに作用する外力$\boldsymbol{F}$から回転の中心Oを見たときの実質の回転半径であり、外力$\boldsymbol{F}$の向きにより変わる。

力とその作用点が同じでも、回転の中心が変わるとテコの腕が変わるので、その点のまわりのトルクが変わることに注意しよう。たとえばこの外力の肘関節EのまわりのトルクN'は、

トルクN'＝力の大きさF×テコの腕 r'

である。このように、身体の一ヵ所に加えた外力に対抗するため、ほぼすべての関節にトルク（関節間力も）が生じる。そのトルクを出せない弱い関節が最初に外力に負けて、角度が変わってしまうわけである。

点Pの位置が一定のとき、テコの腕rが最大になるのは、外力$\boldsymbol{F}$がOPと垂直なときである。肘Eで上肢が曲がっているときも同じである。同じ原理で、肘関節Eに最大のトルクを加えたければ、外力$\boldsymbol{F}$がEPと垂直になるよう、向きを調整すればよい。ただし、肩関節と違って、肘関節は一方向にしか屈伸しないので、外力は前腕が屈伸する面内にあるときの話である。外力がこの面内にないときは、上腕骨OEをひねる作用が生じる（骨をひねる仕組みについては後で詳述）。

このように、自分が攻めたい関節を意識して力の向きを考えるとよい。

なお、外力に応じて自動的に点Oに生じる力$-\boldsymbol{F}$はテコの腕がゼロになるので、点Oを中心とする回転の作用を持たない。

外力のトルクNに対抗するには、関節Oの周囲についた筋肉の力により、右回りのトルク$-N$を発生させなければならない（図の破線の円弧を描く矢印）。

外力$\boldsymbol{F}$がOPに平行な場合、テコの腕がゼロになるので、回転の作用を持たない（トルク$N=0$）。上肢をOP方向に押したり引いたりするだけの力である。この場合も、この力はやはりO

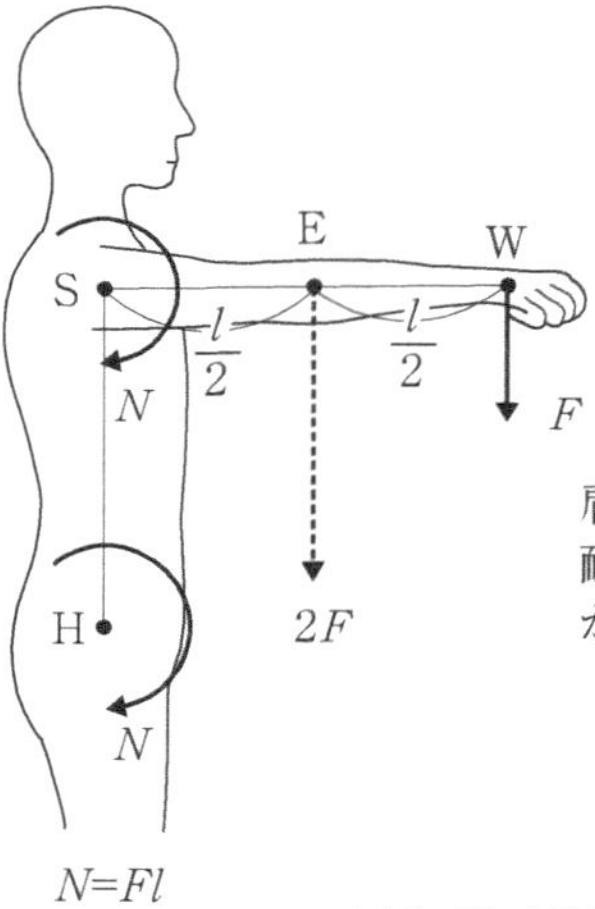
肩関節Sに近いほど大きな力に耐えられる。同じトルクの負担が股関節Hにも生じる。

図1-5　肩関節にかかる力

Pに平行な力(***F***)となって胴体にそのまま伝わる。

これをまとめると、次の二つになる。

①一般に関節は、関節間力には耐えやすいので、力が極端に大きくない限りあまり負担を感じない。

②関節に感じる負担の大部分は、外力に対抗するトルクを発生させるために収縮する筋肉の負担である。

関節に近いほど大きな力に耐えられる

図1-5を見てほしい。腕を水平に伸ばしたとき、手首Wを真下へ力Fで押さえられたとしよう(外力とSWが垂直)。この力によって肩関節Sのまわりに、

$$トルクN=力F\times テコの腕l=Fl$$

が生じる。外力の作用点が肘Eなら、テコの腕が半分のl／2になるので、外力が2倍の2Fになってもトルクは変わらず、肩関節の負担するトルクは同じである。

図の人の側から見ると、肩関節に近い部位で外部に力を加えるほうが大きな力を出しやすい。相撲で相手の突進を止めるため、頭や上体を肘を曲げた腕で跳ね上げる「かち上げ」という技がある。腕を伸ばして前腕でかち上げても、テコの腕が長く、肩関節のトルクが限界を超えるため、大きな力は出せない。肘でかち上げてもよいが、もっと大きな力を出せるのは、テコの腕が短くなる上腕の付け根に近い部分である。

手首Wまたは肘Eに加わった外力により、この図の場合、同じトルクが股関節Hや腰にも生じる。この負担に普通は気がつかないが、腰痛のときはこれに対抗するトルクが出せず、上体が前のめりになってしまう。また股関節を攻めるなら、Wに加える外力はHWに垂直になるよう、もっと図の右下に向かうほうが効果が大きい。

なお、この図では省略したが、前に説明したように手首Wに作用した外力$\boldsymbol{F}$は、そのまま肩関節S、股関節Hなどの関節間力となって全身に伝わる。

骨をひねる力

肩関節や股関節のような球関節では、それぞれ上腕骨や大腿骨があらゆる方向に動き、さらに

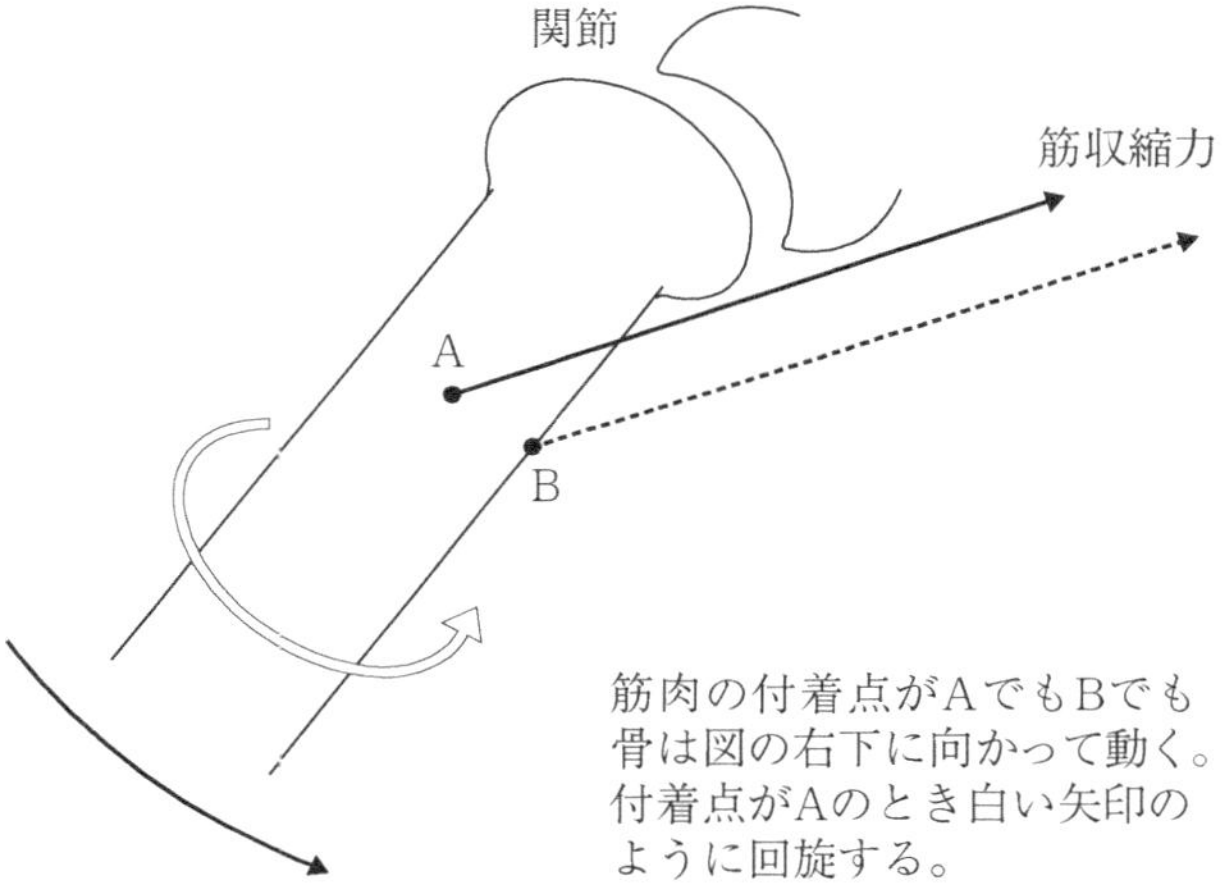
関節
筋収縮力
A
B
筋肉の付着点がAでもBでも
骨は図の右下に向かって動く。
付着点がAのとき白い矢印の
ように回旋する。

図1−6　筋肉が骨を回旋させる仕組み

長軸まわりにひねる動き（**回旋**）をする。回旋の仕組みは次の通りである。

図1−6のように、筋肉の付着点をAまたはBとする。付着点がAでもBでも、筋肉が収縮すれば骨の端は図の右下に向かって動く。しかし付着点がAのときは、それに加え、骨は白い矢印の向きに回旋する。もし点Aの裏側に付着点があれば、逆向きの回旋となる。

付着点がAのとき、骨を右下に動かそうとすれば、自動的に回旋が生じる。回旋なしにたんに骨だけを動かすには、白い矢印と逆向きの回旋をする別の筋肉の助けが必要となる。その筋肉の力が不十分なら、骨をひねらずに力強く骨を動かすことはできない。逆にいうと、骨をひねろうと意識するだけでこの筋肉が十分に働き、自然に強く動かすことができる。

骨をひねる専用の筋肉というのは少なく、たとえば上腕骨なら大胸筋や広背筋、大腿骨なら大殿筋といった大きな筋肉が回旋の作用も受け持っている。中国拳法では発勁《はっけい》という独特の力の出し方をするが、陳式太極拳ではその一つである纏《てん》絲《し》勁《けい》を重要視する。これは、体の各部をらせん状にねじることで爆発的な力を生み出す、とされている。人体の大きな筋肉にねじり、つまり回旋の作用のあることと大いに関係がある、と思われる。

人体でひねる動きのできる主な骨は上腕骨と大腿骨だが、これらの骨を長軸まわりにひねる力を相手から加えられると、意外に抵抗しにくい。たとえば、こちらが上腕を前方へまっすぐに伸ばし、肘をほぼ直角に曲げ、前腕が水平面内にあるとき、相手に手首を上から押さえられると、自分の前腕がスパナ、上腕がボルトになったのと同じで、上腕がひねられ（内旋）、手首が押し下げられてしまう。これに対抗するには、手首を動かさずに肘を下へ回し、腕全体が垂直面内にくるようにする。これで上腕をひねるトルクがゼロになるので、肩関節のトルクで対抗することができる（肘関節にもトルクがかかるが、この体勢なら十分に耐えられる）。

膝を曲げて踏ん張った相手に対し、その膝を外から内へ押すと、大腿骨が内旋して簡単に崩れてしまう（ただし、骨盤に対して大腿骨の方向が変わるので、純粋な内旋だけではない）。相撲は両足の幅を広げて腰を落とし（股関節伸展と外転、膝関節屈曲）、つま先と両膝を外側へ開いた（大腿骨の外旋）安定した姿勢を基本とするが、土俵際のきわどい勝負のとき、このテクニックで相手の片脚の力を無力化して、押し出すシーンがときどき見られる。

関節間力と関節トルクの使い分け

関節に生じる二つの力、関節間力（骨組みを伝わる力）と関節トルク（筋収縮による回転力）について説明したが、武術家はそれらを巧みに使い分けている。筋力の弱い部分では関節間力を使い、逆に筋力の強い部分では関節トルクを用いると、体全体として最大の力を出せる。たとえば、正面から向かってくる相手を押し返すとき、比較的筋力の小さい腕は伸ばして関節間力を発揮させ、筋力の強い下肢の屈伸する力（関節トルク）を使うと効果的だ。

序章で説明したラケットを振るときの並進パワーは、手首に加わる関節間力によって生じるパワーであり、回転パワーは手首の関節トルクによって生じる関節パワーのことだった。関節パワーの式をまとめて書くと次のようになる。

並進パワー＝関節間力×関節間力の向きと平行な関節の移動速度

関節パワー＝関節トルク×関節の角速度

関節間力があっても、その関節が移動しなければ並進パワーはゼロ、つまり関節間力はその関節をその位置に保っただけである。同様に関節トルクがあっても、関節角度の変化がなければ

（角速度＝０）、関節パワーはゼロである。

力とパワーの違いについて、ここでもう一度説明しておこう。重たいバーベルを両手でぶら下げ静止した状態を考えてほしい。このとき、バーベルをぶら下げている人間はものすごい力を発揮しているが、バーベル自体は動いていないので、力学的な仕事は行われていない。すなわちパワーはゼロということになる。

さて、力とパワーの違いを理解したうえで、関節間力と関節トルクを使い分ける重要性を理解してもらうために、こんどはバーベルを持ち上げる動作（いわゆる重量挙げ）を例に見てみよう。話の本質点だけを浮き立たせるため、体幹を剛体と見なし、足関節や手関節を無視した単純な身体モデルで考える。

バーベルを両手に（順手＝オーバーグリップで上から）持ってぶら下げているとき、下肢の関節（股・膝）には押し合う関節間力、上肢の関節（肩・肘）には引き合う関節間力が作用する。バーベルを頭上に差し上げた体勢では、下肢と上肢のすべての関節に押し合う関節間力が作用する。どの関節にも関節トルクは発生しない。この姿勢が重いバーベルを支えるのにもっとも楽である。

バーベルをぶら下げた姿勢から下肢の関節を少しくらい屈伸しても、バーベルはほとんど上下しない。つまり、バーベルを動かすパワーをほとんど出すことができない。上肢については、バーベルが重ければほとんど曲げることができないし、軽ければ少しは曲げられるが、パワーが出ないのは下肢と同じである。このことを一般化すると、次の第一の原理が生まれる。

原理①　関節間力だけが発生するような体勢、あるいは関節角度を保ったとき、楽に大きな力を出すことができるが、関節トルクがほとんどなくパワーが出ない。

次に、ぶら下げたバーベルを胸まで持ち上げる方法を考えてみよう。バーベルの扱いに慣れた人なら、上肢を伸ばしたまま、下肢をある程度深く曲げて再び勢いよく伸ばす。バーベルは一度下降し、次に上方向に加速しながら上昇する。加速の段階で、バーベルを握る手にはその重量の何割増かの力がかかる。

その大きな力は関節間力となって、上肢にも下肢にもかかる。下肢はもちろん、原理①によって上肢も伸ばしたままなら、この関節間力に耐えることは難しくない。下肢の関節には大きな関節トルクが必要となるが、下肢の筋肉は強力なので発揮することができる。

こうして、バーベルが勢いよく上昇した段階で、上肢も動作を開始させる。図1－5で説明した理由で、バーベルが体に近いほど肩関節のトルクが小さくてすむ。そこで、体の前面すれすれをバーベルが通るよう、また前腕が下を向くよう、肘を高く上げて引き上げる。

上肢（肘と肩）に発生する関節トルクは、バーベルの重量を支えるのに不十分だが、バーベルの上昇する勢いが大きく落ちないよう保つことはできる。こうしてバーベルが肩の高さに近づいたとき、再び下肢を曲げて身を沈め、バーベルを胸の前で受け止める。後は再び下肢を伸ばして直立姿勢に戻ればよい。

この動作を振り返ると、大きな関節トルクを出しながら関節角度を変え、バーベルを持ち上げるパワーを出したのは下肢である。上肢はほとんどの時間、関節間力によって下肢の力をバーベルに伝える役目を受け持ち、肘を曲げる段階で補助的な関節トルクとパワーを出しただけである。

このことから、第二の原理が生まれる。

原理② 下肢や体幹のように大筋肉群によって動く関節は、大きな関節トルクとパワーを発揮できる。それによる大きな力やパワーを伝える経路となる上肢のように小さな関節は、関節間力だけが発生するような角度に調整するべきである。伝えるべき力が小さくなった段階で、補助的な力とパワーを出してもよい。

この原理を活かすには、上肢と下肢を動かすタイミングが重要である。タイミングがずれると力が浪費されるだけでパワーにならない。悪い例としてたとえば、下肢の伸展によりバーベルが上向きに加速している途中で腕を曲げ始めたとしよう（正しいタイミングよりも早い）。必要な関節トルクを出せないため、せっかく曲げ始めた腕が力負けして伸びてしまう。つまり、下肢筋群が出したパワーが、バーベルを持ち上げるためではなく、腕の関節を伸ばすために浪費されてしまったのだ。

関節間力と関節トルクの使い分けの重要性については、スポーツ科学の分野では昔からいわれてきた。これは武術においても非常に大事な要素で、その巧みな使い分けが技の基本を構成している。

第2章 筋力は武術にどこまで必要か

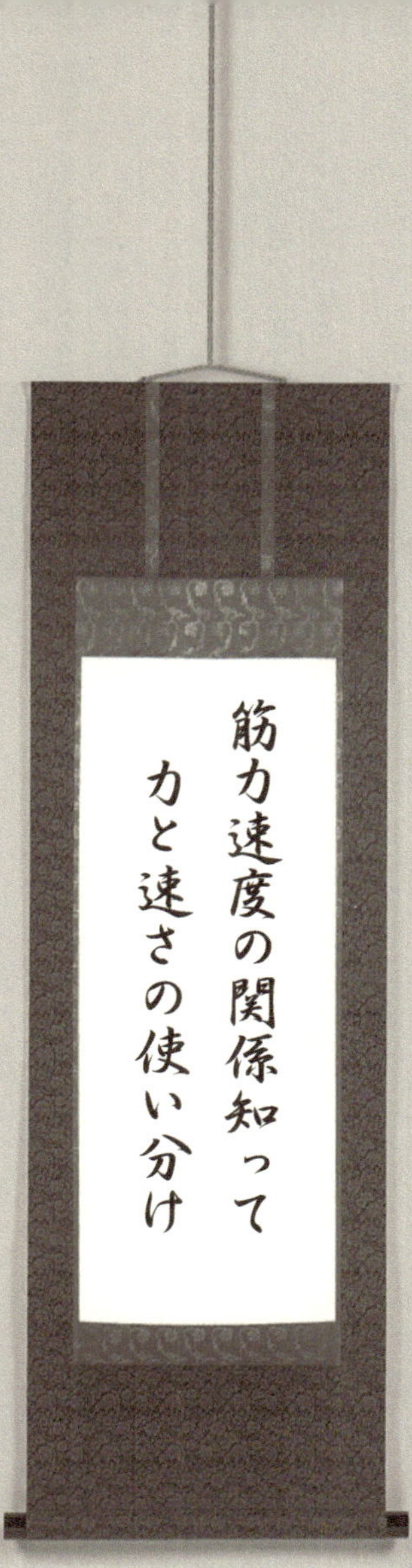

武術家が筋力を否定する理由

骨格を動かす、言い換えれば人体のあらゆる動作の力の源は、筋力すなわち筋肉の収縮力である。にもかかわらず、武術では「力に頼るな」「脱力せよ」「重力を利用すれば筋力は不要」「筋肉的でない力」「呼吸力が重要」など、筋力を軽視する表現が多い。なぜだろうか。

武術は、決まったルールの中で競う現代格闘技と異なり、闘いの場所も時間も、互いの人数も武器も制限がない。いわば「反則」ばかりである。それに、体重別・年齢別ということもありえない。体格や体力にかかわらず、生きている限り闘わなければならない。

スポーツとしてルールが決まっていれば、そのルールの中で有利な技術が生まれ、あとは体力勝負となる。高い技術を持った名選手が、年齢による体力の限界を感じて引退するシーンはおなじみである。スポーツでも、ゴルフのように技術的要素が重要な種目では、高年齢でも高いレベルを維持することができる。

一方、武術では、どんなに筋力や打たれ強いボディを誇っても、刃物で一突きされれば終わりである。対応すべき範囲が広いだけに、どんな状況にも対応できる「武術的な身のこなし」を修得することが欠かせない。詳しくは第7章で説明するが、相手の筋力を封じる「合気的な技」の修得もそのひとつだ。

この意味で、ゴルフ以上に筋力よりも技術中心の稽古が重んじられ、「力に頼るな」などと言われるようになったと考えられる。

第1章で触れたように、人の体には約六〇〇の筋肉がある。一口に〇〇筋と言うが、たとえば上腕三頭筋は、二本の単関節筋と一本の二関節筋（長頭）が束になってできている。ボディビルダーは、「エッ、そんな筋肉があったの?」とこちらが驚くほど、全身の細かい筋肉まで個別に高度に鍛え上げている。上級者になると、同じ上腕三頭筋を使う肘の伸展運動でも、肩関節の角度を変えることで、単関節筋と二関節筋のいずれかにねらいを絞って鍛えることさえできる。

しかし実践的な動きでは、単純に個別の筋肉の力に頼って動くと、たいていは筋腱複合体の性質も二関節筋の特質も利用できない。スポーツでも武術でも、一つの筋肉を一定の力や速度で収縮させることは少ないのだ。また筋力に頼りすぎると、関節間力、つまり骨組みを伝わる力を使えば小さな筋力でもすむところを、わざわざ関節トルクを大きくした力任せの動きになる。これでは、アクション映画でヒーローのすばやい動きにやられる、のろまな大男のイメージ通りになってしまう。

逆に、個別の筋肉に意識を集中しない、すなわち筋肉の収縮感のないときのほうが、実際には多くの筋肉がタイミングよく大きな力を出し、しかも関節間力を巧みに使って、効率よく目的の動きを実現できる。武術で「筋肉の力」を否定するのは、「筋肉の収縮感」を否定していると解釈される。

武術に有利な筋肉とは

では、武術にとって重要な筋力（筋肉）とはなんだろうか。テコの集合体である骨格を動かす動力源としての筋肉の性質と、バネとして働く腱を含めた筋腱複合体の仕組みを探ることで、武術の動きと筋肉の関係を考える。

筋肉は、**筋線維**が束になったものである。筋線維が収縮することで筋力が生み出されるが、筋線維一本の収縮力はその太さ（横断面積）に比例する。筋線維が（長さ方向に）短縮する速度は、その長さに比例する。ゴム紐やバネを伸ばして手を離したとき、長いほど速く短縮するのと同じ原理である。収縮力と短縮速度は、筋線維の種類にもよる。

筋肉が「収縮する」とは「自分の力で縮もうとする」ことだ。ただし筋肉が収縮力を出したとき、実際に短くなる（短縮する）とは限らない。筋収縮には三種類ある。わかりやすい例として、上腕二頭筋で考えてみよう。いわゆる力こぶができる筋肉である。肘関節を曲げてダンベルを持ち上げるとき、上腕二頭筋は収縮しながら短くなる。これを「**短縮性収縮**」という。逆に肘を伸ばしてダンベルをゆっくり下ろすとき、筋肉は力を出しながら引き伸ばされる。これを「**伸張性収縮**」という。ダンベルを下ろす途中で動作を止めたとき、力は出しているが筋肉の長さは変わらない。これが「**等尺性収縮**」である。

さて、筋線維は細かく分けると六種類もあるが、大まかには**遅筋線維**と**速筋線維**の二種類と考えればよい。遅筋線維は持久力があるが、収縮力が小さく、短縮速度も小さい。逆に、速筋線維は持久力はないが、大きな瞬発力を出し、急速に短縮することができる。

一本の筋肉の中には遅筋線維と速筋線維が混じっている。重力に逆らって姿勢を保ったりする腹筋や背筋、ふくらはぎの奥にあるヒラメ筋は、絶えず小さな力を出すことが必要なので遅筋線維が多く、ヒラメ筋の外側にある腓腹筋《ひふくきん》は、ジャンプなどで瞬発力を発揮するため速筋線維の比率が高い。

遅筋線維と速筋線維の比率は生まれつき決まっていて、トレーニングをしてもほとんど変わらない。速筋線維の一部は、トレーニング次第ではある程度持久力のある性質に変化するが、遅筋線維はどうやっても速筋線維には変わらない、とされている。一般的に、短距離走が得意な人は速筋線維が多く、長距離走が得意な人は遅筋線維が多い。ある体育学の教授は、日常の身のこなしでどちらのタイプかかなり見分けられるし、また子供の頃、球技が苦手だった人は遅筋線維の多いタイプだ、と言っていた。

武術などすばやい動きには、一般に速筋線維の多いほうが有利である。とはいえ、とくに合気系の武術で相手の体勢を崩すときなど、瞬発的な筋力やすばやさ以外の要素、たとえば相手の動きに合わせて、その裏をかくように連続的に変化する力を相手に加えていく技が重要視される。

老齢になると、遅筋線維よりも速筋線維のほうが大幅に減って瞬発力が衰える。たとえば、七〇歳の筋力は、三〇歳前後の全盛期に比べ約半分に落ちる。にもかかわらず、高齢でも達人と呼べるほどの高い実力を保っている武術家はかなりいる。逆に、天性の筋力に恵まれ、力で勝てるために技の工夫が疎かになり、武術が大成しなかった人もいる。

自分の体格や体質によって武術の種類を選ぶことは必要だが、速筋線維の少ない人も悲観する必要はまったくないだろう。「武術」は「武の力」ではなく「武の技術」なのである。

「突き」は引くつもりで突き出す

筋肉はその太さ・長さ・構造によって、発揮できる最大収縮力と短縮速度が決まっている。筋肉が全力で収縮したときの収縮力は、そのときの短縮速度と筋長によって変わる。

まず短縮速度と収縮力の関係は、図2－1aのようになる。短縮速度vがゼロの場合（等尺性収縮）の収縮力をF_0とすると、短縮速度が増すにつれて収縮力Fは低下し、最大短縮速度v_0のとき、収縮力はゼロとなる。

また、筋肉は伸びすぎても縮みすぎても収縮力が小さくなってしまう。筋肉を構成する筋線維の微細構造上、もっとも大きな収縮力を出せる長さを基準として、その約半分の長さに縮むか、

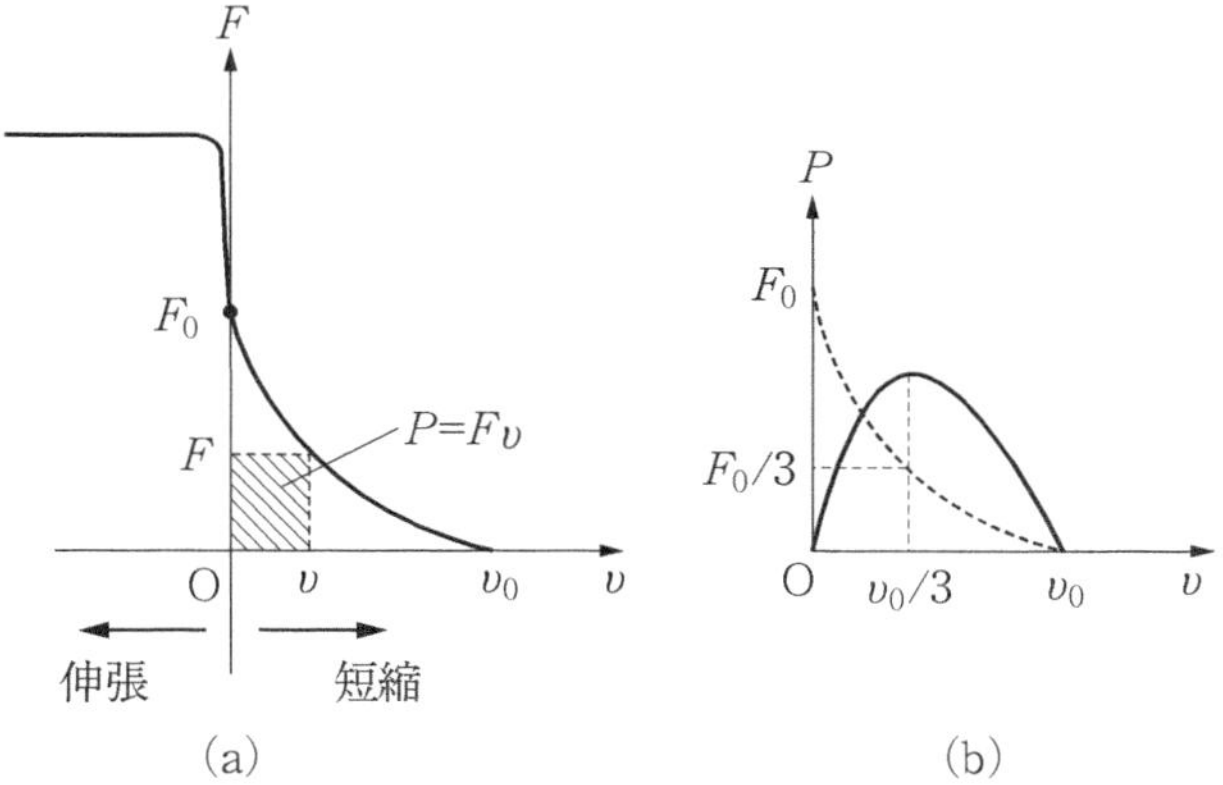

図2-1　筋肉の短縮速度と収縮力（a）、パワー（b）の関係

約一・七倍に伸びると収縮力がゼロになる。

筋肉の発揮するパワーは収縮力と短縮速度の積であり、次の関係式で表せる。

筋肉の発揮するパワー＝収縮力×短縮速度

短縮速度とパワーの関係は図２－１ｂのようになる。パワーが最大になるのは、収縮力も短縮速度もそれぞれの最大値の約三分の一のときである。全身の動きを調整して、大きな筋肉がこの短縮速度で収縮するようにすれば、大きなパワーを出すことができる。

さて、筋肉が最大短縮速度以上のスピードを出すのは、外部からの力が加わるか、身体の他の部分の動きに連動するときだけである。たとえば上腕を固定して肘を伸ばす速さ、つまり上腕三頭筋の短縮速度には限界がある。ところが肘を曲げておいた腕全体を、あたかもヌンチャクのように振り回しながら肘を伸ばせば、その限界を超えられる。このとき上腕三頭筋は、最初の加速の段階で一瞬大きな力で肘を伸ばすが、短縮速度の限界を超えた動作の後半ではまったく収縮力を出していない。ヌンチャクには筋肉もそれ以外のパワー源もないのに、振り回し方次第でつなぎ目の角度が高速で変わるのと同じである。

これを「肘を伸ばすのは上腕三頭筋だから」と、むやみにこの筋肉を意識して力んでも逆効果である。力むと、肘を曲げるほうの上腕二頭筋などに力が入り、かえって動きが遅くなる。そして、動きが最大短縮速度より遅くなれば、上腕三頭筋は収縮力を発揮でき、その収縮感が生じる。結果として「肘を伸ばす筋肉の収縮感はあったが、スピードが落ちた」ことになる。

武術では「突きは引くつもりで突き出すほうが速い」と言われるが、理由は同様である。もちろん、突き腕が伸びている段階で本当に引く筋肉が働いては困る。拳を「引く」意識によって、突き腕を伸ばす筋肉の収縮感にこだわらないこと、つまり力みを取ることが狙いである。よく「脱力が大切」と言われるのも、この意味である。

地面に飛び降りたとき、両脚を曲げてショックを吸収するが、このとき下肢の伸筋群は力を出しながら引き伸ばされている(伸張性収縮)。その収縮力は最大でF_0の一・八倍くらいになることがわかっている。突進してくる相手を受け止めたりするときも、全身の多くの筋肉が伸張性収縮をするが、あまり意識せずに大きな力を出している。

大相撲の力士が、脚を痛めているのに好成績を残す話をよく聞く。「後ろへ下がると痛いけれど、前へ出ていれば痛まないから」と積極的な取り口になったことが功を奏するようだ。同じ全力を出しても、前へ出ていれば（短縮性収縮）、実際に出ている力は小さくて脚が痛まず、相手に押されて下がったり、土俵際で踏みとどまったとき（伸張性収縮）などは、自然に大きな力が出て痛みを感じるのであろう。

故障がなく万全の状態のときこそ前へ出れば申し分ないが、なかなかそうできないところが「心・技・体」の「心」、つまり心理的な要素が大きいことを物語っている。

固く閉まったビンのふたを開けるとき、握りにくいふたを持った右手を回そうとしても力がかけづらいため、開けるのが難しい。一方で、握りやすいビンのほうを持った左手は力を入れやすい。こうした場合は、ふたを持った右手を動かさず、ビンを握った左手のほうを動かすとよい。なぜなら右手の筋肉は、ふたを回す動作（短縮性収縮）よりも、ふたを握った手を動かさない動作（等尺性あるいは伸張性収縮）のほうがより強い力を発揮でき、ふたを握りにくい点を補ってなお、左手の出す大きな力に耐えられるからだ。

最大短縮速度 v_0 を上げることは困難または不可能だが、等尺性収縮力 F_0 は筋トレによって大幅に向上する。重さの決まった物体を持ち上げたり、一定の力で相手を押すようなとき、F_0 が大きいほど短縮速度が大きくなる。すなわち、力の強い人ほど高速で動くことができる。また体重が同じなら、下肢の筋力の強いほうが全身を急加速することができる。

力ばかりやたらと強いわりに動きにスピードのない人は、個々の筋肉だけを鍛えて全身の協調の練習をしていない人である。九節棍といって、九本の棒をつないだ武具がある。ヌンチャクよりもはるかに多彩な動きをするが、第1章で見た通り、人体はもっと多くの部位が関節で複雑につながった「超多節棍」である。しかも関節をつないでいるのは単純な紐でなく、筋腱複合体である。九節棍よりはるかに扱いが面倒だが、そのかわり使い方次第ですばらしい動きができる可能性を秘めている。

「強く速く」を可能にする筋腱複合体

図2－1で見たように、筋肉の収縮力は短縮速度が大きいほど小さくなる。つまり、速いほど弱くなる。たとえば自転車でローギヤのまま高速で走ろうとすると、ペダルの回転に脚が追いつかず、ペダルを強く踏むことができなくなる。これは、脚の筋肉が強くかつ速く短縮することができない例である。

では、強くしかも速く短縮できる構造はないものだろうか。結論を先に言えば、第1章でも触れた筋腱複合体がその答えだが、力学的に順を追って考えてみよう。

図2－2aは足首を伸ばす（足関節を底屈させる）腓腹筋と、それにつながるアキレス腱であ

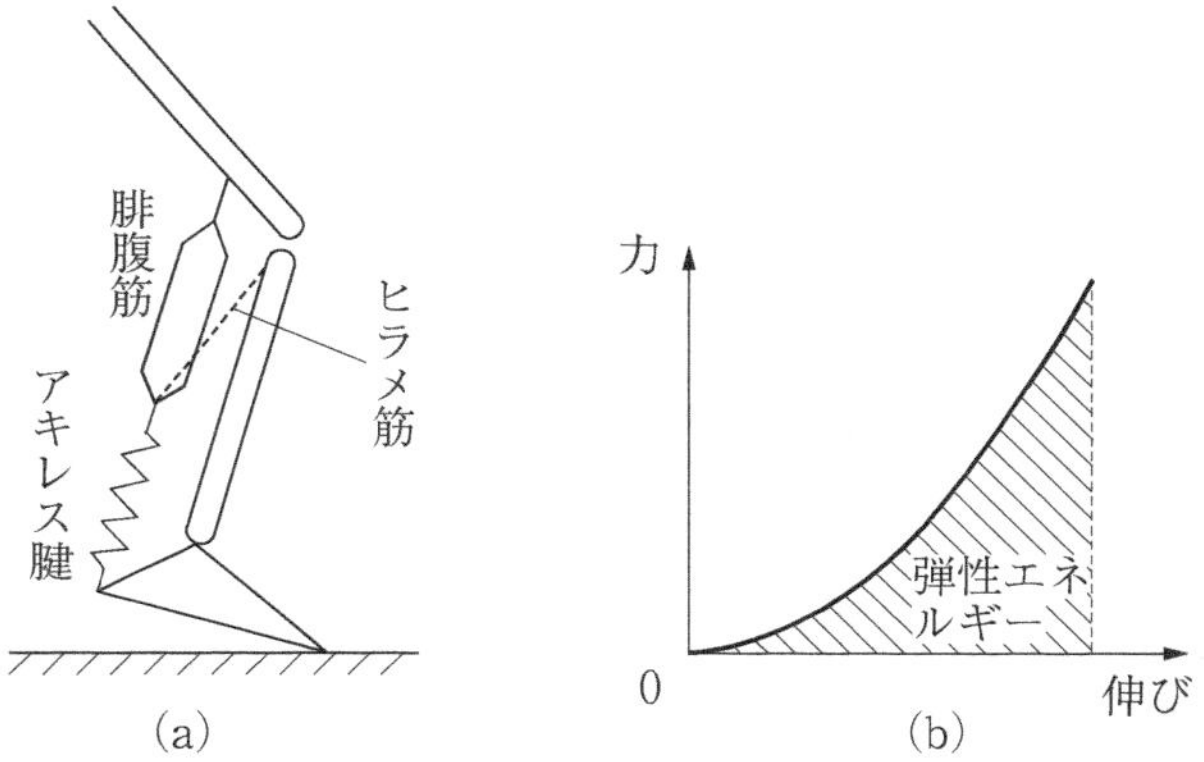

(a) 腓腹筋とアキレス腱（破線はヒラメ筋）
(b) アキレス腱の伸びと力、蓄えた弾性エネルギー（斜線部の面積）の関係

図2-2　スピードとパワーを生み出す筋腱複合体の一例

る（アキレス腱には破線で表したヒラメ筋もつながっているが、説明からは除く）。ここで、膝は伸ばしたまま足関節だけを使ったジャンプを考えてみよう。

つま先立ちして背伸びした状態（足関節は十分に底屈）から力を抜いて踵を落とし（足関節が背屈）、これを反動動作にして、再びつま先立ちになるようにジャンプ（勢いよく底屈）する。

踵を落とす段階の前半では、脱力した筋肉部分が伸びる。アキレス腱には力がかかっていないので、伸びることはない。

次に、踵を落とす段階の後半から、十分に落とし切った踵を上げはじめる段階までは、テコの原理により、つま先が地面を蹴る力の何倍かの力が腓腹筋とアキレス腱に作用する。しかし、伸びるのはアキレス腱だけで、収縮力を発揮している筋肉部分の長さはほぼ一定である（等尺性収縮）。踵を落とすことにより全身が落ちる勢いでアキレス腱を伸ばす。つまり、落下の運動エネルギーをアキレス腱の弾性エネルギーとして蓄えたのである。この局面で筋肉部分は収縮力を出しているが、短縮速度がほぼゼロなので図2－1aで見たように大きな力を出しやすく、消費エネルギーも小さい。力学的パワー（＝収縮力×短縮速度）がほぼゼロだからだ。

最後の離地寸前の段階では、筋肉部分と腱の両方が同時に短縮してすばやい底屈が生じる（足の甲が伸びる）。筋肉部分は短縮するときエネルギーを出すが、同時にアキレス腱も縮みながら、蓄えた弾性エネルギーを放出する。

こうして、強くゆっくり短縮する筋肉と、高速で短縮しながらエネルギーを放出する腱の組み合わさった筋腱複合体によって、「強く速く」が実現するのである。ジャンプ時にふくらはぎの筋腱複合体が足関節底屈のために発揮したエネルギーのうち、半分強がアキレス腱から放出された弾性エネルギーだったという研究報告もある。

現実のアキレス腱の伸びは、張力の平方根にほぼ比例する（図2－2b）。張力が四倍、九倍になったとき、伸びがそれぞれ二倍、三倍になるのである。いろいろな研究の結果から概算すると、垂直跳びではアキレス腱に四〇〇kgw（いわゆる四〇〇キログラムの力）前後の張力が作用し、数センチ伸びる。アキレス腱に蓄えられる弾性エネルギーは伸びのほぼ三乗に比例することがわかっている。数センチの伸びでも相当なエネルギーが蓄えられるのだ。

アキレス腱のバネの固さ（同じ長さだけ伸ばすための張力）には個人差があり、またトレーニングによっても変化する。走り高跳びで二メートル四〇センチの記録を持つある外国選手は、踏切時の非常に強い力に適応して、アキレス腱の固さが普通の成人男子の四倍もあるという。面白いことに、この選手はジャンプが得意なはずなのに、垂直跳びは六〇センチと日本の五輪代表選手より一〇センチ以上低い。おそらくアキレス腱が固すぎて、反動をつけてしゃがみ込んだくらいではあまり伸びず、バネの働きが十分発揮されないのだろう。

力を溜めない武術の動き

スポーツのほとんどの動きは、筋腱複合体の構造を最大限に利用して「力を溜める」のがよいとされる。力を溜めることにより、全身の筋肉が出したエネルギーを自分の身体そのものに伝えれば高い跳躍となり、ボールやバットに注入すれば豪速球や力強いスイングとなる。

では、跳躍の代わりに相手に向かって踏み込み、ボールやバットの代わりに手裏剣を投げ、日本刀を振ったらどうなるだろう。確かに、踏み込める距離は大きくなり、手裏剣は高速で飛び、日本刀は勢いよく振ることができる。しかし、武術ではこの動作は嫌われる。「力を溜める」のに時間がかかって動きを読まれ、防御あるいは反撃されやすいからである。

アキレス腱などの弾性を利用しようと、踏み切る足に体重をかけて身を沈めれば、たちまち見破られる。ある直接打撃制の空手の試合でのことだ。優勝候補を相手にした選手が、まともな戦法では勝ち目がないと思ったか、やや遠い間合いから跳び後ろ蹴りという意表を突く捨て身の技を出した。ところが、思い切り跳ぼうとして力を溜める動作が大きすぎ、すぐ見破られた。空中で相手に背中を見せたところを、前蹴りでお尻を蹴られて勢いが止まり、その場に撃墜されてしまった。

敵に襲われたとき、カモシカならいきなり弾けたように跳べるが、カンガルーは跳躍力を出すためにアキレス腱を伸ばすので、最初の一跳びに余分の時間がかかるという。

踵の力

武術の動きに通じる簡単なデモンストレーションとして、身体をうねらせず、アキレス腱のバネも使わず、目の前の相手に触れた状態から、瞬間的に大きな力で突き飛ばす実験をしてみよう（図2－3）。

AとB二人が向かい合って立つ。Aは両足を前後に大きく開き、両手を重ねて一杯に伸ばし、手の平をBの胸に密着させる。Bは両足を前後に少しだけ開いて立ち、押されないよう軽く身構える。Aの両腕はすでに伸びきっているので、腕の力だけでBを押すことはほとんどできない。

(a)

(b)

図2–3　触れた相手を瞬間的に突き飛ばす技

(a) Aは両手を重ねて腕を伸ばし、Bの胸に密着させる。BはAに押されないよう身構えている。Aはつま先を付けたまま、後ろ足の踵をできるだけ高く上げ、重心を上昇させる。
(b) 後ろ足の踵をストンと落とし、接地した際の反力を、関節間力で全身を通して伸ばした腕の先に伝える。

Aはつま先を付けたまま、後ろ足の踵をできるだけ高く上げる。当然、Aの身体重心も上昇する。これで、位置エネルギーを蓄えたわけである。このあとAは、次のようにしてこの位置エネルギーを全身が前方へ動く運動エネルギーに変える。

後ろ足の踵をストンと落とし、踵が接地した床からの反力が瞬間的に全身に伝わるよう、後ろ足の関節間力、つまり骨組みを伝わる力を意識する。筋肉の収縮力を意識しないほうがよい。こうすると自然に全身が前へ急加速するので、同じく両腕の関節間力で手の平に力を伝えて相手を押す。このとき体幹は、力が伝わる途中でクッションにならないよう固めておく。

実際にやってみれば明らかだが、この方法でBは胸にズンと瞬間的に大きな力を受けてよろめく。たとえば、Aの重心の上昇が一〇センチだったとすると、その位置エネルギーを落下によって全身が動く運動エネルギーに変えたとき、重心速度は秒速一・四メートル（時速五キロ）と歩く速さになる。胸に直接触れたのは手の平だが、力学的には時速五キロで体当たりしたのと同じになるのだ。BがAと同体重として、Aが前進の勢い（運動量＝身体質量×速度）をすべてBに伝えることができれば、Bは計算上同じ時速五キロで後方へよろめく。

踵を落とすとき、BはAが身を沈ませただけで、予備動作が始まっていることに気がつかない。予告もなくいきなり突き飛ばされた、と感じる。これがアキレス腱のバネを利用しようとすると、アキレス腱にエネルギーを溜めている間に、「来るぞっ」と無意識に身構えられてしまう。

筋腱複合体の働きは重要で、踵を落とした勢いを前進に変えるときも自然に利用しているはずだ。しかし、これを最大限に活用しようとするあまり、動作に時間がかかって力の伝達がゆっくりになったり、予備動作を見破られては逆効果である。筋肉に腱が付いている以上、武術でも筋腱複合体の特性を利用することは大切だ。ただし武術の場合、アキレス腱の弾性を利用しない点がスポーツとは大きく異なる。

失敗の許されない武術の駆け引き

野球における、投手と打者の駆け引きを見てみよう。ボールが投手の手を離れる位置からバッターまでの実質距離を一七メートルとすると、時速一四四キロのストレートなら、〇・四二五秒で届く。投球では、手が最終の加速に入るずっと前から投手の膝や腰が動いている。この段階で、打者は投球のタイミングを計って、スイングの予備動作を始めている。

ボールが投手の手を離れると、高速のストレートか低速の変化球かを見極めながら、打者は足の踏み出しや腰の動きを調整する。球種を見極め、下半身の動作がかなり進んでから、ようやくバットが回り始める。ボール球とわかれば、バットを止めることもできる。

このタイミングを外すため、速球と同じフォームで緩い球を投げるのがチェンジアップである。実際の変化球は、早い段階から曲がった軌道をとる。しかし投げるコースによっては、打者から見ると、手元に来てから急に曲がったり落ちたりするので、引っかかりやすい。スイングのタイミングを外された打者は、フォームが乱れ、各部位をタイミングよく動かすことができず、スイング速度が落ちる。

このように、打者は投手の動きから球種を予測し、投手はその裏をかこうとする。

手裏剣（忍者の持つ十字形ではなく、武術では一般に棒状のものが使われる）には、変化球がなく、体に当たらないボール球は最初から無視される。つまり、ストレートのストライクしか球種がない。しかも、相手は手裏剣を刀などで打ち払う必要はなく、かわすだけでもよい。その代わり、一回でも命中すればそれまでで、失敗は許されない。

実際の手裏剣は、相手がすぐに踏み込んで攻撃できないぎりぎりの約五メートルの距離まで近づき、全身がほぼ同時に動くようなすばやい動作で投げる。野球のボールよりやや重い一六〇グラムの手裏剣の速度が時速五五キロ、相手までの到達時間が〇・三三秒というデータもある。

この到達時間を距離が一七メートルの野球に換算すると、時速一八〇キロ以上の超豪速球に相当する。最高速度を落とす代わりに、動作の開始から相手に届くまでの時間を短くするのである。打者がバットを振る動作に〇・二五秒以上かかるとされているが、手裏剣をよける動作に同じだけかかるなら、軌道を見極める時間は〇・一秒もない。

攻撃をかわす側が達人ならば、五メートルの距離を一挙に詰めて、斬りかかるぞと相手を心理的に威圧し、こちらのタイミングで手裏剣を投げさせることができるだろう。もちろん、距離を詰める予備動作を見破られてはいけない。いずれにせよ、どちらの側もすばやさが第一である。

日本刀で斬りかかるときも同じだ。刀自体のスピードがいかに速いかより、動作開始から相手へ到達するまで時間の短いほうが有利である。その刀をかわして反撃するにも、すばやい動作が必要である。一方、相手の動かない試し斬りでは、腰を伸ばした反り身になって、刀を真っ向上段から後方まで振りかぶり、それから弾みをつけ、刀が大きな弧を描くよう全身の力で振り下ろす。すばやさよりも刀が高速になることを重視している点で、実戦武術とは一線を画している。

武術に適した筋トレ

この章の冒頭で示したように、ボディビルダーのやるような筋トレは武術にとって有効でないことは明らかである。しかし沖縄空手では、三〇センチほどの棒の先にバーベルのプレートのような平たい石を固定した力石（チーシー。鎚石とも書く）を、片手で持ってゆっくりいろんな方向に振り回す鍛錬法がある。また、重い陶器のビン（握り甕《がめ》）の口を両手で一つずつ持って独特の歩法で歩いたり、金剛圏《こんごうけん》という人の背丈ほどのゼムクリップ形の重い鉄枠を用いて鍛錬したりする。古流剣術では、真剣（重さ約一キロ）の二倍から十数倍の振り棒（鍛錬棒）を片手または

写真2−1　力石（上左）、握り甕（上右）、金剛圏（下）
写真提供：『月刊秘伝』（BABジャパン）

両手で振り回して、日本刀を操作する基礎体力を養成する（写真２－１）。

このように武術でも、ある程度の筋力をつけることは必要とされる。では一般的に武術では、どのようにしてこうした体力面を強化しているのだろうか。

現代の格闘技よりも技術面の比重が大きい武術の稽古では、たとえばボクシングのスパーリングのように体力を使う機会は比較的少なく、伝統的に武術特有の身体操作法や技術を身に染み込ませる「型稽古」が中心だった。これらの鍛錬法は、同じ発想の延長線上で、体力面を強化する狙いがあったと思われる。

その特徴は、

①比較的負荷が小さく、動作の繰り返し回数が多い。

②全身の多くの関節を同時に使い、実際の武術の動きに近い動きも多い。

の二点である。順に説明しよう。

①の負荷が小さいことは、普通の筋トレに比べ、筋力強化の点で明らかに不利である。その代わり、何十回も動作を繰り返すことができる。最大筋力だけでなく、筋持久力の養成も同時に狙っている。また、重い振り棒を何百回も振り回す際は、腕の力だけではすぐ疲れるので全身を使う。つまり「剣を腕で振らない」技術を身につけるとともに、全身持久力を強化し、その動作をしながら楽に呼吸する方法の訓練を兼ねているとも考えられる。ラウンドもブレークもない実戦

において、最初の瞬発力が大きいに越したことはないが、途中で武器を持つ手が疲れたり、息が切れたりしては困るからである。

②は、二関節筋を含む多くの筋腱複合体を、その武術に適したタイミングで収縮させる神経系のトレーニングを兼ねている。さらに、普通の筋トレでは無視されがちな細かい筋肉、たとえば力石では前腕をひねる（回内・回外する）筋肉、握り甕では指から前腕にかけての筋肉を鍛える。力石の柄（棒の部分）を握る要領で相手の手の平をつかみ、振り回すのと同じようにひねって倒すこともできる。また、わざと持ちにくい形をした金剛圏を扱うことで、全身の力とバランス力を鍛えている、と考えられる。

これらの点を考えると、伝統的鍛錬法も意外に価値がある。その良さを取り入れた現代的な筋トレを紹介しておこう。

マシンよりもバーベルやダンベルなど、いわゆるフリーウェイトを使うとよい。なぜなら、たとえばバーベルをかついでのスクワットは、マシンによるスクワットに比べバランスを取る必要があり、足の指や下腿の細かい筋肉まで鍛えられる。マシンの良さを否定するわけではないが、マシンで大きな筋肉だけを鍛えた人は、実際のスポーツの実践中に怪我をする率が高いともいわれている。

「チーティング（ごまかし）」と言われる反動を積極的に利用する方法もある。使用する重量は重くなる。たとえば、両手でバーベルを下から握って肘を巻き上げるカールで、上体を反らすような反動を使えば、上腕二頭筋などを鍛えると同時に、全身の筋腱複合体を用いることにもなる。つまり、全身の力をバーベルに集中する神経系のトレーニングになる。あるいは、軽めのバーベルをかついで連続ジャンプするのもよい。

すばやい動作しかできない種目を選ぶのもよい。たとえば、バーベルを下腿の中ほどの高さまで持ち上げた姿勢から、一気に胸まで引き上げるクイックリフト、あるいは一気に頭上まで引き上げるスナッチ、それからクイックリフトで胸元まで引き上げた姿勢から頭上に差し上げるジャークは、全身の筋肉をタイミングよく動員する練習になる。

中国拳法の秘伝とされる技の一つに「寸勁《すんけい》」というのがある。拳をわずか一寸（約三センチ）離した至近距離から打ち込んで、相手を吹っ飛ばす特殊な技である。私はこの寸勁がある程度できるが、これらの種目で鍛えた経験が大いに役立っている、と実感している。

ただし、フリーウェイトを用いたすばやい動作には危険がつきまとう。最初はスロー・トレーニングなどである程度筋力をつけ、バーベルの扱いに慣れてから始めたほうが無難である。石井直方東京大学大学院教授によると、同じ膝を伸ばす動作でも、たんに蹴り上げるのとボールを遠くへ蹴るように意識するのとで、使われる筋肉が大きく異なるという。武術の動きを意識しながら筋トレをすれば、そのまま使える筋肉の鍛錬になりそうである。

ただし、どのような筋トレ法を採用するにせよ、武術そのものの稽古を怠っては逆効果である。筋トレは稽古の代わりにはならないことを忘れないでほしい。

最後に、昔の人はどこでも歩いて行くしかなく、家事や労働でも大いに体を使って筋力を鍛えると同時に、自然に合理的な力の使い方を学んでいた。日常生活そのものが鍛錬の場でもあった。現代にも、テーブルのワインボトルを持ち上げるとき「体の中心軸を意識する」という武術家がいる。我々も、ビルの一〇階までならエレベーターを使わず階段で上るとか、重い荷物をできるだけ軽く感じるような持ち方、つまり身体の一部に無理のかからない合理的な持ち方を工夫するなど、日々の生活にトレーニングを組み込むとよいだろう。

第3章　武術の基本技——手首を制して全身を制する

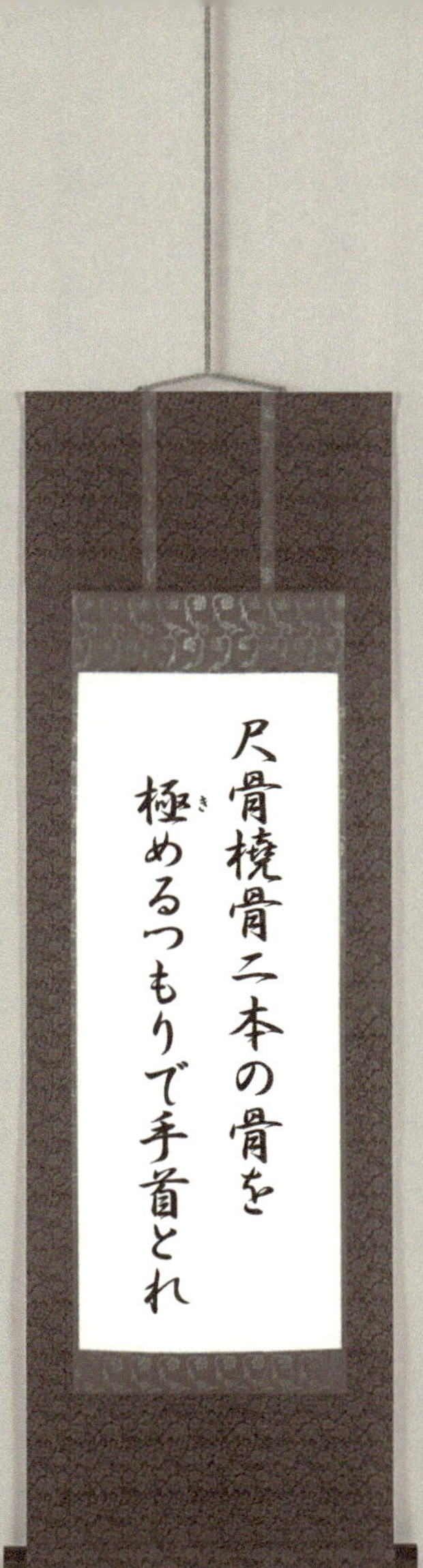
尺骨橈骨二本の骨を
極《き》めるつもりで手首とれ

腕と手の構造

武術においては、攻撃にしても防御にしても手首は重要である。

武術の達人になると、こちらが思い切り強い力でつかんだ手首でも、するりと抜いてしまう。あるいは手首をつかんだつもりが逆に技をかけられてしまう。かと思えば、軽く握られただけなのに、どんなに頑張っても抜くことができず、それればかりか体全体を押さえ込まれ倒されてしまう。護身術などでも、相手の手首をひねり上げて動きを封じる技を見たことがある人は多いだろう。

これらの技には、指先から肘までの構造と動きが密接にかかわっている。武術特有の手と腕の使い方について、その秘密を解き明かしていこう。

前腕の骨組みは図3-1のように、小指側にある**尺骨**《しゃっこつ》と親指側にある**橈骨**《とうこつ》の二本の骨でできている。人が手首をひねること（**回内**と**回外**）ができるのは、この前腕の構造による。手首から先だけが回転するロボットとは構造がまるで異なる。相手の手首をつかんで制御するとき、この仕組みを理解しておくことが重要である。手首はさらにそれ自体で自在に動く（図3-2）。

上腕骨としっかりつながって肘関節を作るのは尺骨である。橈骨も肘関節の構成にまったく無関係とはいえないが、基本的には無視できる。肘関節は一方向の屈伸だけが可能な**蝶番関節**《ちょうつがいかんせつ》

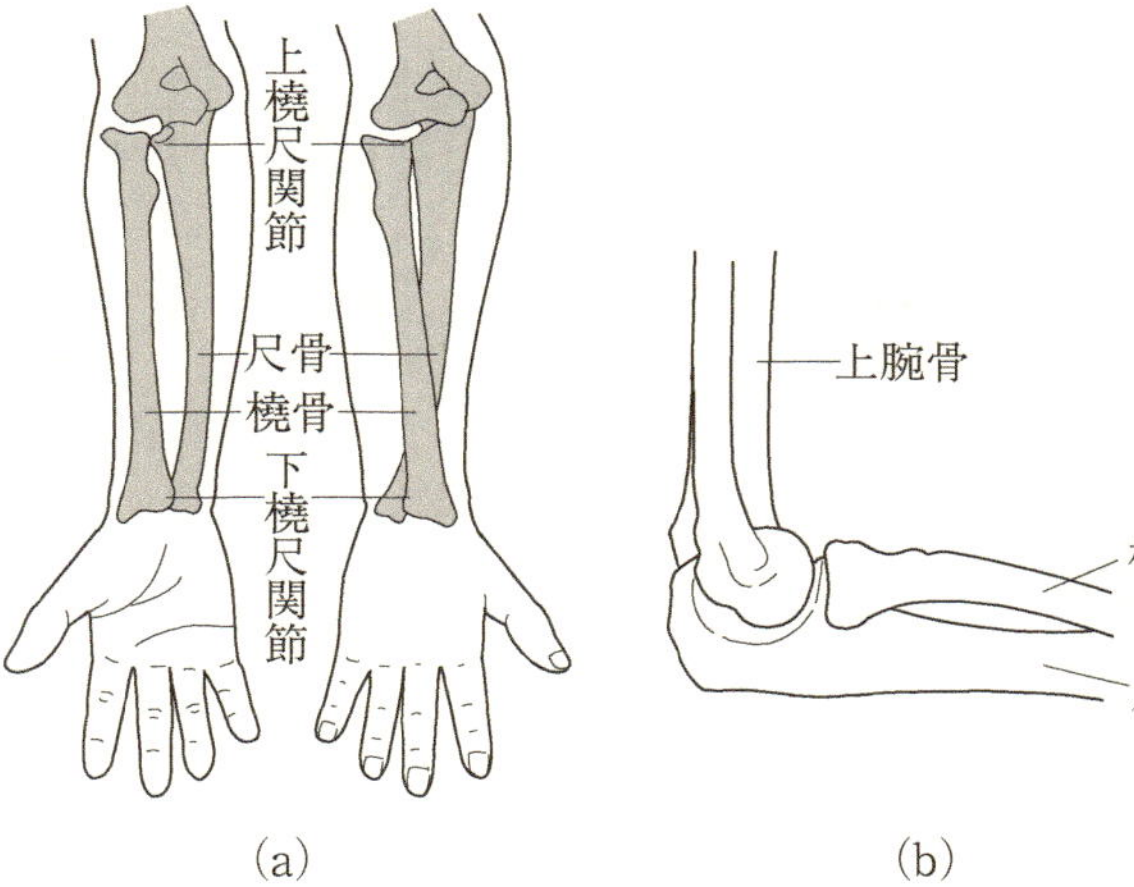

図3-1　前腕の骨組み

橈骨が尺骨のまわりを回旋することにより、前腕のひねり（回内と回外）が生じる。尺骨は上腕骨とつながって肘関節を形成している。

で、上腕骨に対して尺骨をひねることはできない。

尺骨は手首付近では比較的細く、肘関節に近いほど太く丈夫になる。相手の突き腕を前腕で力強く跳ね上げたり、肘打ちで目標に当てたりするのは尺骨である。

橈骨は尺骨に沿うように並んでいて、長軸まわりにひねること（回旋）ができる。橈骨が回旋すると、同じ向きに前腕全体が回旋する。肘近くでは橈骨が尺骨のくぼみにはまり込んで回旋し、手首近くでは回旋しながら尺骨のまわりを回るのである。

橈骨は、前腕から先を器用に使うのに欠かせないが、上腕骨と直接の強いつな

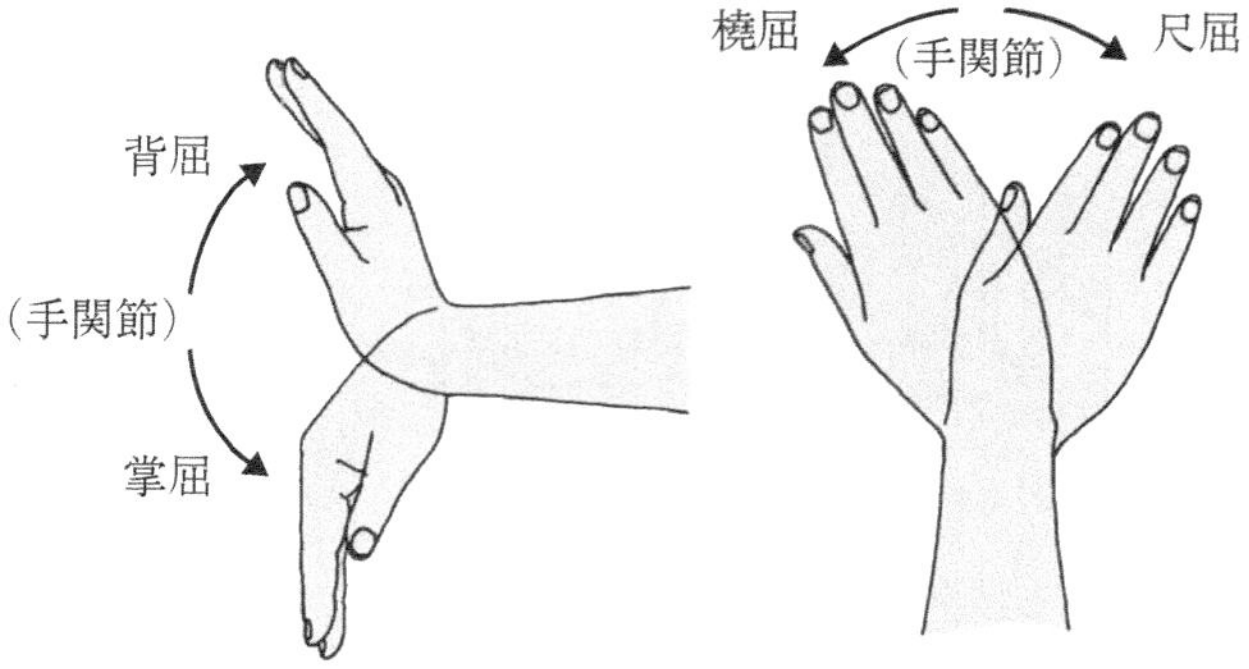

図3-2　手首の可動範囲と動きの名称

がりはないので、尺骨より不安定な骨ということもできる。

手首のところで橈骨は尺骨よりずっと太く、**手根骨**（手の手首側にある骨）としっかりつながって関節を作っている。相手の顔面突き攻撃を前腕で内から外へ払うとき、突き腕に当たるのはこの橈骨の太い部分である。実際には、払うにつれて前腕全体が長軸まわりに回り（回内をすればさらに回る）、動作の後半では突き腕を尺骨で外側へ押しやることになる。

前腕をひねるとき、橈骨と手根骨をつなぐ関節は動かない。一方で、手根骨（小指側）と尺骨の先端をつなぐ小さな関節は、手根骨側が尺骨の長軸まわりに（両者の接触点が滑りながら）ひねられている。

ある中国拳法家は、レンガなど固い物体を手の平で打つとき、手根骨のやや親指側を使うという。前腕の勢い（運動量＝質量×速度）が橈骨から手根部を通して物体に伝わ

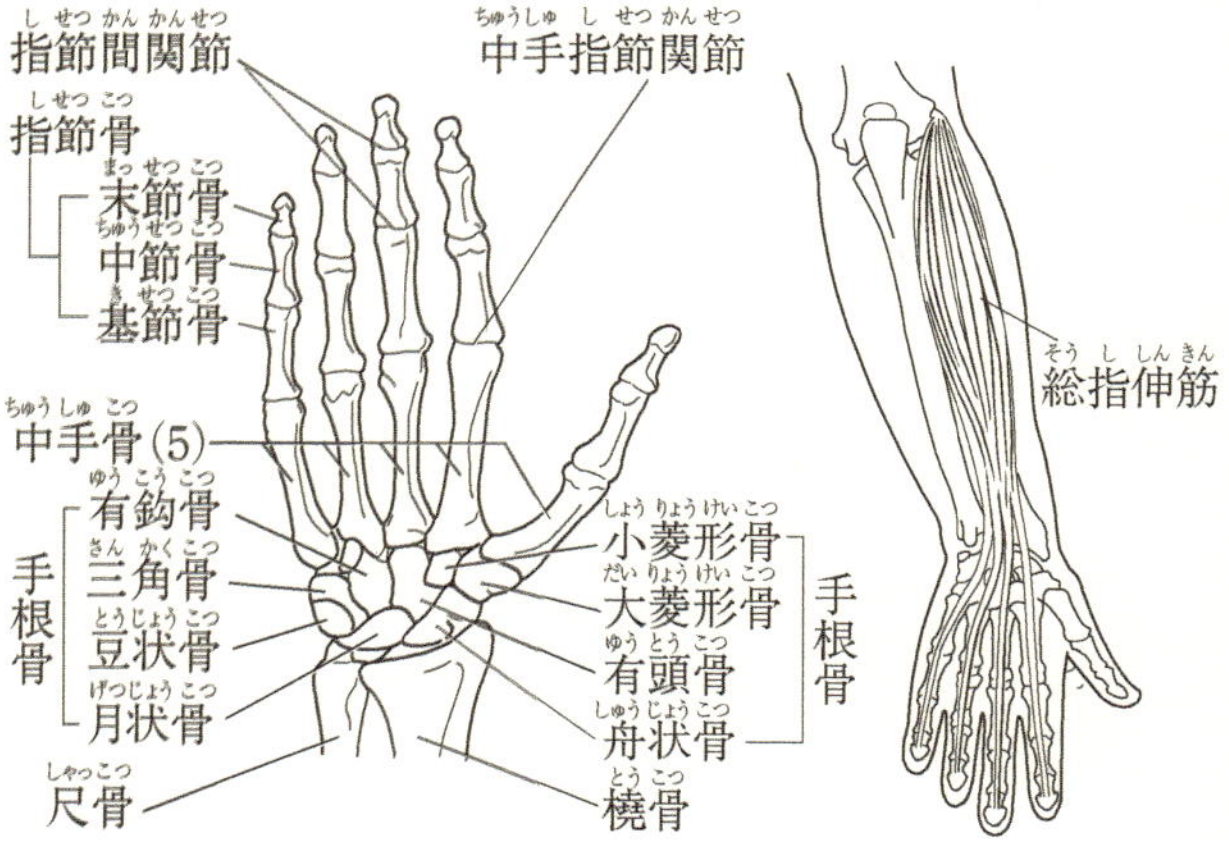

(a)　(b)

図3-3　複雑な手の骨組みと、指と手首を動かす多関節筋の一例

りやすいのだろう。とくに、手の平の親指側が上がるようにやや回外しておいた前腕を回内させ、手の平を伏せるように動かすと、橈骨側の手根部の速度が増す。空手家が積み上げた瓦を**掌底**（手根部）で割るときも、中国拳法家と同じ動きをしていることが高速度撮影の映像から読み取れた。

人の手は非常に複雑である（図3－3）。二本の骨でできている前腕と手関節（手首）でつながる手根部は、八個の手根骨が、ほぼ二段積みの石垣のように組み合わさってできている。手根部から五本の中手骨が伸び、手の平の大部分を構成する。中手骨の先に三本の指骨（ただし親指は二本）がある。親指（母指）から小指までを順に第一指〜第五指と呼ぶ。

手を構成する骨は多数の靱帯《じんたい》で結ばれている。手の骨同士をつなぐように付着する筋肉を**内在筋**というが、数も多く、機能は非常に複雑である。ただし、指を力強く動かす大きな筋肉は、前腕にある筋肉（**外在筋**）である（図3－3bの総指伸筋は一例）。手に限らず一般に、人体の大きな筋肉は中枢よりにあって、末梢側を動かす仕組みになっている。

内在筋の一部と外在筋のすべては多関節筋である。このため、とくに第二～五指の先端の二つの関節は、独立に自由に動かすことができない。ただし、第二～四指の先端の関節だけを自由に動かせる武術家を知っている。おそらく、多数の筋肉を微妙に調整しているのであろう。外在筋が働くとき、手の指は手首やときには肘関節と連動して動くことが多い。

親指の中手骨は手根に対して二方向に動くので、他の指と向かい合って物をつかんだり、刀を握ったりすることができる。古流の剣術では、相手の親指を狙うことも多い。親指を斬られたら、もう武器を操ることができないからである。昔の俠客《きょうかく》は、身内でない相手の前に両手を付いてあいさつするとき、親指だけを手の平の下に隠したといわれる。

三種類の握る力

握る力を細かく見ると、「**指ピンチ力**」「**ホールド力**（把持《はじ》力）」、握力計で測るいわゆる「**握力**」の三種類がある。武術においては、この三つをはっきり区別することが大切である。順に説明していこう。

昔の忍者は天井の桟《さん》（細い横木）にぶら下がったという。親指と曲げた人差し指の間で桟を挟んだのだろう。この種の力が指ピンチ力である。

内在筋は、親指と小指の付け根（**母指球**と**小指球**）など手の平全体にある筋肉で、指先で物をつまんだり、手を開いたりすぼめたりなど、手の平全体の形が変わるような動きに関係する。指ピンチ力には外在筋も関係するが、親指と人差し指の間にある水かきのような母指内転筋などの内在筋が大いに働いている。

古流の空手には、相撲の「のど輪」のように相手ののどに親指と人差し指の間を当ててつかみ（この手の形を「**刀峰**《とうほう》」という）、のど笛を引きちぎる危険な技がある。実際、クルミを指で挟んで割れる大変な指ピンチ力を持つ武術家がいる。

この他、身体のツボあるいは神経を指で圧迫して、激痛を与えたり動きを制したりする技もある。武術家には強い内在筋や指ピンチ力の持ち主が多いようだ。

二つめの「ホールド力」とは、つかんだものを離さずに（把持して）引いたりするときの握力のことをさす。

体操選手が鉄棒の順手大車輪を演じているときの研究データから計算すると、勢いよく回った体が鉄棒の真下付近に来たとき、両手にかかる力は体重と遠心力を合わせて、約二六〇kgw、片手当たり一三〇kgw以上あった。これは選手の握力をはるかに上回る。では、なぜ選手は鉄棒をつかんでいられるのだろうか。

この謎を解くヒントは、車輪の回る向きにある。順手とは、普通にぶら下がったとき手の平が前方を向く握り方だ。体は前方に向かって回転する。握った手の中で鉄棒は、手根から指先の方向へ滑っているので、体が鉄棒の真下に来たときは下から上に向かう摩擦力が生じていることになる。この上向きの摩擦力と握力の両方で、選手は体重と遠心力を支えている。このとき鉄棒をつかんでいる力が、ホールド力である。すなわち、ホールド力とは「摩擦力＋握力」である。

鉄棒だけでなく、両手の握力の合計より大きな力で背筋力計を引っ張ったり、ボートのオールを引いたりするのもホールド力である。

刀で相手を突くように斬ったり、槍を突いたり引いたり振り回したりするときの力も、握力そのものというより、握ることで生じる摩擦力が加わったホールド力に近いと考えられる。

武術で手首をつかんで引きつけるとき、力まかせに握るより、垂直な棒にぶら下がるときのように、手の平から指を相手の手首に引っかけるようにしたほうが効果が大きい。熟練者は小指と薬指にはある程度力を入れるが、中指は軽く握り、人差し指はむしろ浮くくらいである。達人に手首を取られると、握りは柔らかいのに、どんなに引っ張っても振り切ることができないのはこのためだ。

最後は普通にいう握力である。握力計を握ったり、リンゴを握りつぶしたりするときの握る力だ。詳しい説明は省略するが、この「握る」動作をするとき、指と手首を同時に動かす多くの筋肉が複雑に働いている。手を握りしめると、前腕のほぼすべての筋肉が収縮して固くなるのはそのためだ。

刀の握り方の基本「手の内」

相手の手首をつかむとき、握力にまかせて握りしめるのは二重の意味で正しくない。

第一に、握るとは手根と五本の指で周囲から手首を締め付けることだから、力が打ち消し合い、手首自体を動かす正味の力はゼロである。

第二に、自分の手首に掌屈と背屈、橈屈と尺屈のそれぞれ逆向きの力が働き、動きの自由が失われる。図3－3bのように握るときに動員される筋肉の一部は、肘関節をまたいで上腕骨から始まり、肘関節の動きにも関連する。握りしめると、手首だけでなく肘の動きまで不自由になってしまう。序章で紹介したすばやい手の動きでも、手首の脱力が一つのポイントだったが、そのほうが肘の動きが妨げられないからである。

もちろん、手首でなく刀などを握るときも同じである。

刀（の柄）を握るとき、力を入れるのは薬指と小指の二本で、とりわけ薬指に力をかける。親

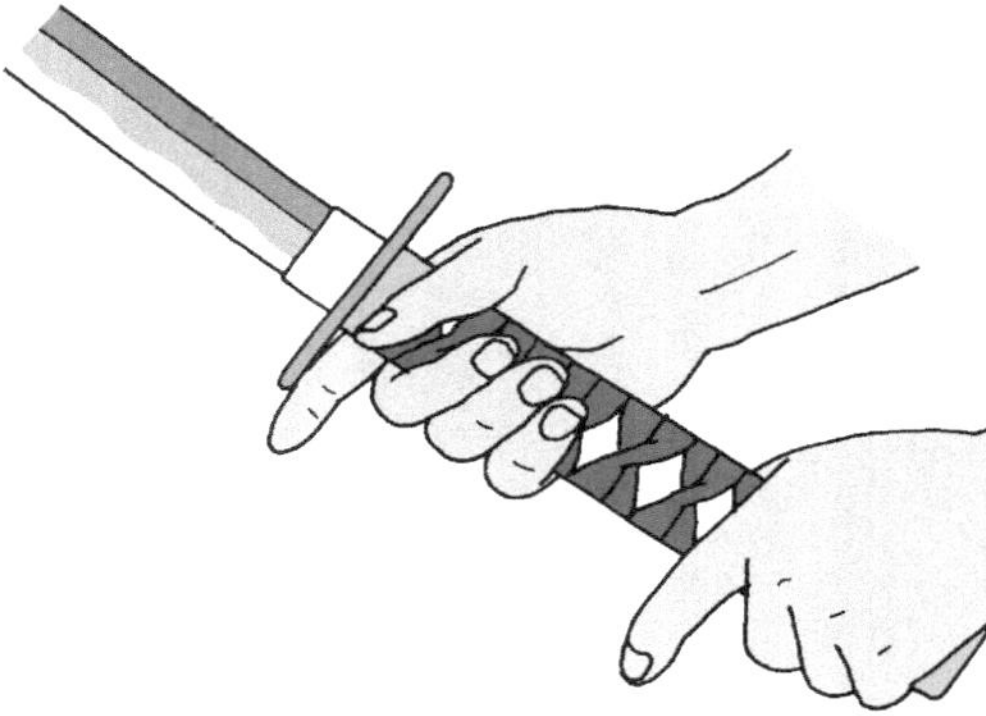

図3−4　日本刀の基本的な握り方「手の内」の一例

指と人差し指は軽く添える程度で、中指は軽く握る。けっして五本の指すべてで握りしめてはいけない。この刀の握り方は「**手の内**」といい、日本刀の操作の基本となる（図3－4）。

刀を握ったとき、薬指と小指によって柄が手根部の小指側に押しつけられ、刀がしっかり固定される。薬指は普段はあまり意識しないが、ものを握る、たとえば中華鍋などを扱うとき、もっとも大きな力を出しているのはこの薬指であることが実験的に調べられている。バッグや荷物を手に提げるときも、薬指を中心に第三〜五指だけで十分である。

刀は基本的に両手で扱うが、図0－4bのように防御を兼ねて切っ先が斜め下を向くよう振り上げたときなど、片方の手は添えるだけで、けっして強くは握らない。この際、非常に微妙な操作が必要となるが、手首を柔らかく保ち、親指と人差し指によってこれを行う。指を五本とも握りしめると、前項で説明したようにすべての筋肉が収縮して固まってしまい、自在な操作ができなくなる。

人差し指と親指は、刀を握るというより、付け根の部分で挟みつける形で刀を保持する。この部分で小指側と逆向きの力を加えると、柄を中心に刀を振り回すことができる。たとえば図3－4の状態から左手を離し、右手だけで柄を握ったとしよう。右手小指側に上向きの力をかけ、人指し指と親指の付け根で下向きの力をかければトルクが発生して刀を振り下ろすことができる。

両方の力が同じ大きさなら、純粋なトルクの発生で刀の重心は動かず、重心まわりの回転だけが生じるが、普通は人差し指・親指側の力が大きく、重心も動く。長い刀は無理だが、短い刀ならこの力だけで細かく振り回すことができる。

ある剣術の流派では、操作性を重要視して、左手の小指を柄から離して握る。また、両手の人差し指を突き出すように握る流派もある。これは、刀同士を切り結んだ鍔《つば》ぜり合いのとき、相手の目を突く意図もあるようだ。

刀だけでなく、棒や杖、槍などを扱うときも、これらの武器の長さ方向と両手の位置や角度に合わせて五本の指が複雑に働く必要があるので、同様にけっして握りしめることはしない。

つかまれた手首を抜く方法

三種類の握る力を頭に入れたところで、武術の基本的な技のひとつである、つかまれた手首を抜く方法を解説しよう。

つかまれた手首をふりほどこうとして引っ張るのは、もっともまずいやり方である。なぜなら、先ほど説明した強力なホールド力をまともに受けるからである。また、手首を押さえてきたとき、相手は手根で押していることが多い。これはホールド力とは別だが、体重の乗った強い力なのでまともに押し返しても無駄である。ここでは説明の都合上、手根で押す力もホールド力に含めておこう。

体力に勝る相手につかまれたり押さえられたりした手首を抜く原則は、

①手首を、相手には遠く、自分には近い位置に誘導する。

②ホールド力に逆らわないよう手首の位置を変えず、相手の握った手の中で手首が回転するよう自分の前腕を回す。

③自分の手首で相手の親指と人差し指の間を切る。なるべく相手の手首を掌屈させる（手首を内側に曲げる）よう心がける。

の三つである。

①の原則は、第1章（図1－5）で説明した通り、相手との接触点が自分に近く相手から遠い

ほど、トルクの関係で有利になることである。まず、肘が脇腹に付くまで腕を曲げ、手首をみぞおち付近、つまり体の中心軸近くに引きつけた体勢を作る。

無理に手首を引きつけるのでなく、全身の体さばきで自分のほうから前進して、この体勢になればよい。相手が前後方向に押したり引いたりしたときも、この体勢を保ったまま、その力に逆らわないよう全身で移動し、隙を見て**目打ち**などの牽制によって相手の腕を伸ばすことができる。相手が手首を押さえつけてきたときならたいてい、相手の肘は最初から伸びている。

これで、上腕が胴体に固定されるので、相手の力によるトルクは肩関節にはかからず（厳密には、上腕を長軸まわりにひねるトルクは残る）、肘関節だけに作用する。かといって、肘関節のトルク（屈伸力）に頼って動くのはよくない。あくまでも全身の動きが大切である。

この体勢になれば、相手の全身を鉛直軸のまわりに回転させることができるようになる。たとえ相手が、体が回転しないよう両足で踏ん張ったとしても、伸びきった腕と垂直な方向の力については、圧倒的に自分が有利になる。なぜなら、相手は腕を伸ばして重い物を持ち上げるような不自然な形になっているからである。

次の原則②で、相手にホールド力を使わせない方法のひとつは、つかまれた手首の位置を変えないことである。自分の肘から先がスパナ、手首の位置がボルトで、そのスパナの端を肘で押すように回すイメージがよい。両足の力を使って腰をひねる強い力でスパナ＝前腕を回すことができる。

具体例として、相手が右手で自分の右手首を内側（手の平側）から握ってきた場合を考えよう（図3－5）。少林寺拳法の「**小手抜き**《こてぬ》」と呼ばれる技である。

図3－5で、握られた手首を中心に前腕をスパナのように回していくもっとも重要な力は、肘関節を通して上腕から伝わってくる関節間力である。この関節間力は、後で説明するように全身の動きによって生じるので、大きな力になる。また、回転の中心である手首からの「テコの腕」が長いので、手首のまわりに非常に大きなトルクを持つ。さらに、肘を曲げる関節トルクが加わった合計のトルクNによって前腕が回転する。

手首を握った相手がこちらの前腕に加える力は（ホールド力が封じられているので）、指や手首の角度を変えないよう働く小さな筋肉の力、つまり母指球（親指付け根のふくらみ）からの力F_1と他の四本の指からの力F_2だけである。これらの力は、ホールド力よりかなり小さい握力か指ピンチ力の大きさである。さらに、回転の中心である手首に近い位置に作用点があるので「テコの腕」が短く、発生するトルクは小さいものでしかない。

このように前腕を回すトルクは、握られた側が握った側より圧倒的に大きい。いくら握る手に力を込めても、ポロリと抜けてしまうわけである。

相手の握り方によっては、肘から先を回しにくいことがある。両者の手の平が鉛直面内にある

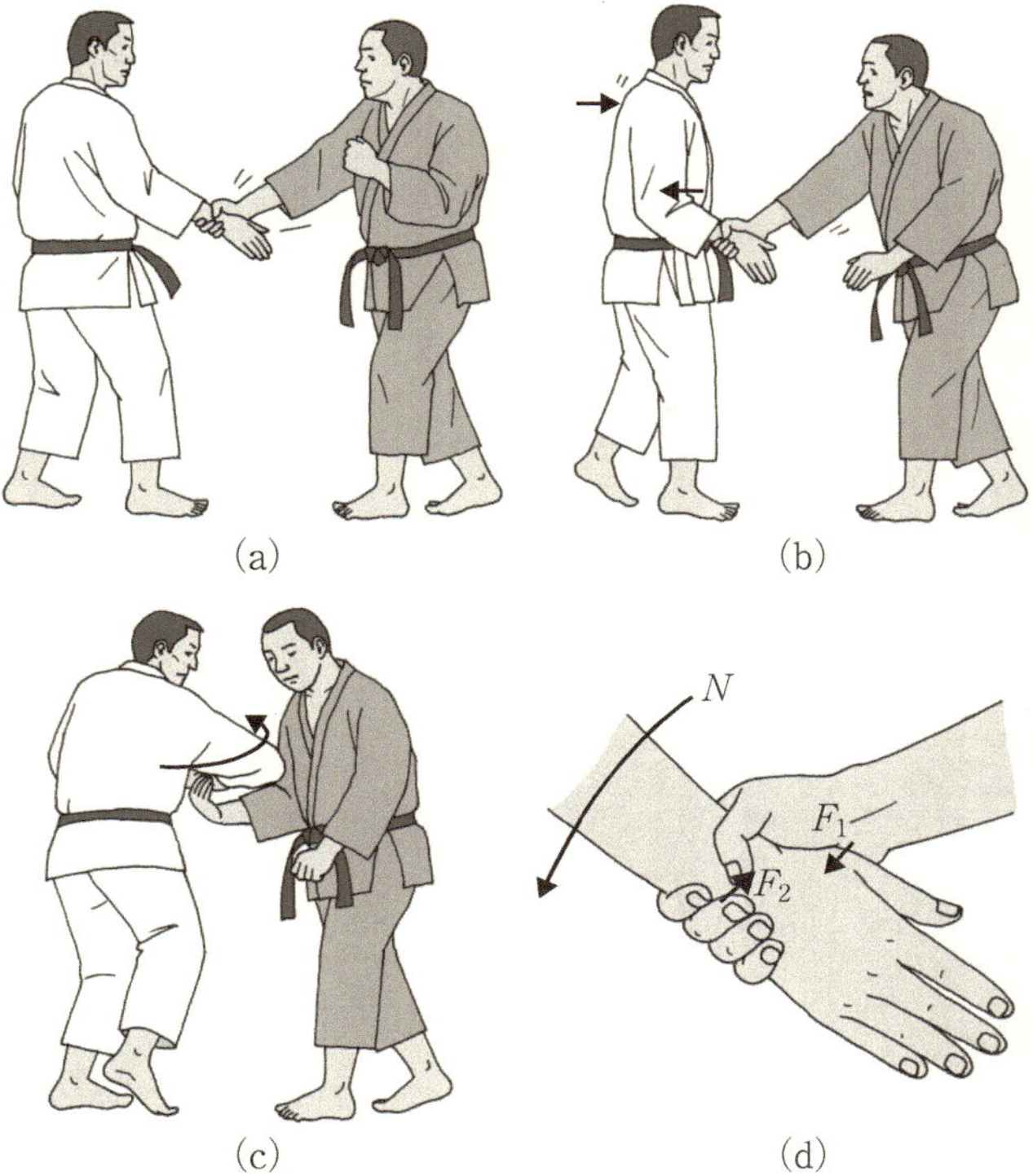

図3-5　つかまれた手首を抜く方法（その1）

(a) 相手に手首をつかまれる。お互いの手の平は鉛直面内にある。
(b) 肘が脇腹に付くまで腕を曲げ、手首をみぞおち付近まで引きつけた体勢を作る。
(c)「スパナの原理」で前腕を回し、相手のつかんだ手を掌屈させて抜く。
(d) 手首のまわりに前腕を回転するトルクNに対抗するのは、母指球と他の指からの力F_1とF_2だけ。F_1とF_2の作用点は互いに近く、小さなトルク（右回り）にしかならない。

とき、肘を縦方向つまり垂直面内で回さなければならないが、とくに手首の位置が低いとき、この動きは窮屈である。このようなときは、やはり「スパナの原理」を用いて手首の位置を変えないよう、一度体ごと肘を外へ張るように回すと、簡単に自分の手の平を下向きにすることができる。この体勢なら、必要な肘の回転はほぼ水平面内で、大きな力で回すことができる。

最後の原則③で、親指と人差し指の間を切るのは、もっとも無理がないからである。手首を内側へ一杯に曲げれば（掌屈すれば）わかるが、手の指が浮き上がって握る力がなくなる。これは、総指伸筋（指を伸ばし、手首を背屈させる筋肉。図3－3b）がその逆の動きによって伸びきり、指を曲げる（総指伸筋が脱力して伸張する）余裕がなくなるからである。というわけで、相手の手首が掌屈するよう肘から先を回すと、回すにつれて抵抗が小さくなり、手首が楽に外れる。

図3－5で、相手の握った角度によっては手首を尺屈させる（小指側に曲げる）だけで掌屈させにくいことがある。このときは、前腕を長軸まわりにわずかに内旋させ、掌屈する向きに前腕を回すと、さらに抵抗なく抜くことができる。

なお、図3－6のようにこちらが前腕を立てて構えているとき、相手が左手で右手首を小指側からつかんできたときも、相手の手首を掌屈させにくい。このときは掌屈にこだわらず、原則③の前半に従って、橈骨側が親指と人差し指の間にくるよう前腕をわずかに回内させ、手の平の小

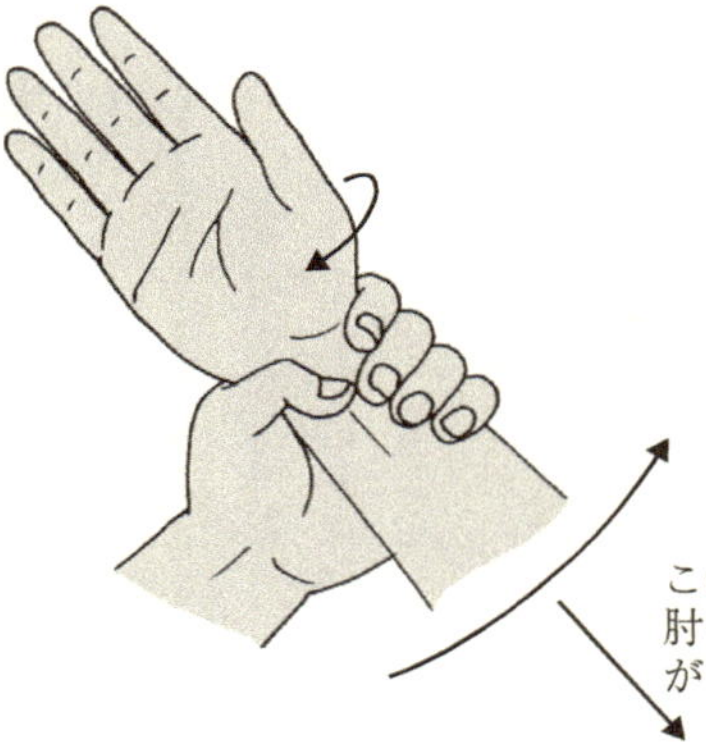

図3-6　つかまれた手首を抜く方法（その2）
前腕の親指側（橈骨）が親指と人差し指の間を切るようにする。前腕を回内させ手首を中心に回しながら引く。

指側の手首に近い部分で、相手の親指と人差し指の付け根の間を押さえつけつつ、肘が上がるように回しながら引くと、握った手が小指から順にほどけていく。ただし、腰の回転を意識した全身の力で引くことがポイントである。

つかまれた手首を動かして相手の体勢を崩しながら抜く、さらに高度な技術については、第７章で述べる。

大地の力を利用する中国武術

前項の原則②の解説で、「全身の動きと力で肘を回す」ことを強調した。これについて、もう少し詳しく説明しよう。

肘をスパナの先のように押していく力は、肘関節を通して上腕から前腕に作用する関節間力である。肘関節のトルクは、つかまれた手首の位置が変わらないよう、調整する補助的な役目を持つ。実際、肘関節のトルクを意識しすぎると、手首が動いて失敗する。

手首を中心に前腕が回るには、上腕が回転しながら移動しなければならない。もちろん、肩関節の位置も変わる。この動きは、肩関節を通して胴体側から上腕に働く関節間力に、肩関節のトルクが加わって実現する。

では、肩関節の位置を変えるには……とたどっていくと、最終的に両脚の関節（股関節・膝関節・足関節＝足首）の関節間力とトルクにたどりつく。両脚の力を使って腰をひねる強い力が、骨組みを伝わり、前腕を回転させるわけである。

とくに、足首より先の「足」は踏みしめた地面から大きな力を受けている。これも広義の関節間力である。ほとんどの武術的動きには、この地面から足に伝わる広義の関節間力が、少なくとも片方の足について存在しなければならない。足の構えが不十分だと、この力が発揮できない。どの武術でも足の構えを重要視し、とくに中国武術で「大地の力を利用する」というのは、このことであろう。

また、大地から十分な力を受け、膝関節や股関節に伝わったとしても、腰がふらついているようでは下半身の力が上半身の骨組みに伝わらなくなる。どの流派でも、腰の構えが重要視されるのはこのためだ。

話を戻すと、手首を動かさずに肘を回すのは、最初は難しい。全身の協調した動きが要求されるからである。かといって、各関節の動きを考えれば、複雑すぎてさらに混乱する。それよりも、特定の身体部位を意識したり、動きをイメージするほうが正しい動きを実現しやすい。

図3-5なら、自分の母指球が相手の母指球に乗るよう意識すると、母指球が不動の回転の中心となる。念のため付け加えると、図の力F_1とF_2が作用している限り、回転の中心が手首でも母指球でも大差はない。また、「相手の胸に肘打ちを当てる」イメージを作ると、前腕が滑らかに回転する。

「折れ紅葉」

つかまれた手首もそうだが、武術では、相手との接触点を動かさずに全身の体さばきを行うことが多い。これは、相手にこちらの動きを感知させないという別の効果もある。前腕を回すとき手首が動くと、相手はそれを感知して強力なホールド力で手首を押したり引いたりして、こちらの体勢を崩しにくることもある。

武術家が「全身の力をつかまれた手首に集中して抜くから、相手は抵抗できない」と言ったとき、全身の筋肉から発し、骨組みを伝わってきた力が実際に集中するのは、手首ではなく前腕の肘側である。結果として、手首に大きなトルクを作用させることができる。また、手首を動かさないことで、相手のホールド力による抵抗を未然に防いでいる。

武術家の表現を文字通りに受け取って、力を手首に集中して動かすと、相手の抵抗を大きく受け、手首はけっして抜けなくなる。

武術家の甲野善紀さんは、「折れ紅葉」といって開いた手の中指と薬指だけを折り曲げる手をよく使う。これは、指に力を入れると手首や肘の動きが不自由になることを逆用したものである。なぜ中指と薬指だけを曲げるのかというと、読者もやってみるとわかると思うが、中指と薬指を曲げる筋肉は、同時に人差し指・小指も曲げようとする。このとき、それに逆らってこの三本の指を伸ばすことにより、指の伸筋と屈筋を同時に緊張させ、肘から先を固めることができるのだ。

たとえば相手に手首や前腕を両手でつかまれたのをふりほどくとき、普通はつかまれた場所に意識が集中し、その部分の動き、つまり腕の筋肉の力だけで逃げようとして失敗する。手を折れ紅葉にすると、肘から先が固まり、意識もつかまれた場所から離れる。こうして、無意識に全身の大きな筋肉による大強い動きを腕に伝えて、ふりほどくことができるのである。

手首の動きを封じるつかみ方

手首をつかまれたとき、武術家は手の平を広げるように指を伸ばすことが多い。指を伸ばすと

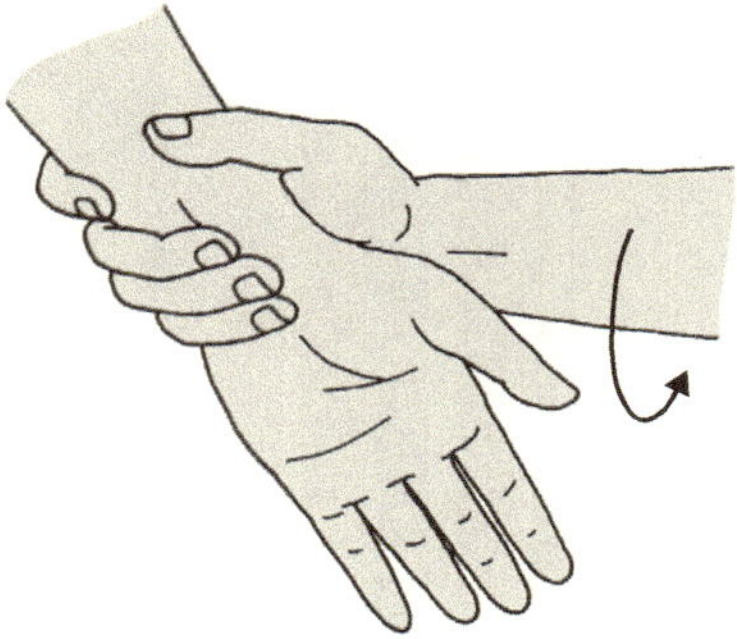

図3-7　手首の動きを封じるつかみ方
右手根部の親指側で相手の橈骨先端を押さえ、小指から中指で尺骨を挟む。

きに働く前腕の筋群に力が入り、手首の甲側が盛り上がるように固くなる。また、指を曲げる前腕の屈筋群が引き伸ばされるので、手首の手の平側も固くなる。こうして手首全体が太く固くなり、多少とも握りにくくなる。

また手を握りしめると、前腕の筋群が不必要に緊張することは前にも述べたが、実際にやってみると、意識が指や手の平に集中しすぎることもあり、上肢全体の動きまで滑らかさを失う。やはり、指は伸ばしたほうがよい。この事実について、合気道系の人は「伸ばした指先から気が出て遠くまで届いているときは力が出る」「手を握りしめると、気が手に籠《こ》もって遠くへ届かなくなる」という表現を用いる。気自体の存在についてはともかく、「気が遠くまで届く」とは、意識が手やつかまれた手首に集中しすぎないことを意味する、と考えておけばよい。

先に述べた手首を抜く方法は、この指を伸ばした準備状態から始まることが多い。漫然とつかまれた場合、相手の手と直接接触する皮膚は動かなくても、その中の尺骨と橈骨を自由にひねることができる（ただし、尺骨をひねると必然的に上腕のひねりがともなう）。こうして手首を抜く原則③に従って、二本の骨のどちらかが親指と人差し指の間に来た瞬間を狙えば、手首は簡単に抜ける。

こんどは逆に、抜けないように手首をつかむ方法を紹介しよう。例として、相手の左手首を甲の側から右手で握り、外側へひねり上げる場合を考える。どちらの手首も向かって右側へ動き、どちらの前腕も回内する。

自分の右手根の親指側で相手の橈骨先端を押さえ、小指から中指で尺骨を挟んでひねる（回内）と、相手はこちらの手の平の中で、手首を逆方向にひねる（回外）ことができないので、抜き技をかけにくくなり、こちらは次の技をかけやすくなる（図3－7）。

前腕の構造の弱点を攻める技

手の平で全力で押してきた相手をいとも簡単に押し返す技がある。

技の秘密は、前腕の構造にある。肘の折れ曲がる内側を上にして腕を前へ伸ばし、上腕をひねらず（尺骨のひねりもない）前腕だけを（橈骨の動きにより）ひねると、手の平が真上を向いたあたりが回内の限界（図3-1a参照）、真下を向いたあたりが回外の限界（同右側）である。この限界を攻めると、押してきた相手を簡単に押し返すことができる。

Aが右手の平でBの胸を押したとしよう。力を加えやすいよう、普通は腕立て伏せを垂直にした形で、指が上向きになっている。Bは押し倒されないよう、自然に前傾姿勢になる。ただし極端な前傾姿勢は、急に引かれて前に落とされる危険があるので、足を前後に大きく開いたほうがよい。

押す側のAの右手首は背屈している。Bが背を丸めて胸をすぼめると、押されている部分だけを前傾させることができる。これでAの手首は背屈の力を受け、少しは押しにくくなるが、肘を下げて背屈の度合いを減らし、押し上げてくるかもしれない。

ここで、Aの右前腕が限界近くまで回内していることに注目しよう。Bはまず、左肩を前に出すように、胸を前傾させる。Bが胸で押し返す力を、Aは手の平全体でなく、小指とせいぜい薬指だけで受け止める形になり、耐えきれずに手首の小指側が大きく背屈する。この状態から、Bは胸部をやや右に傾けながら、Aの前腕がさらに回内する向きに小指側をらせん状に押し込むのである。Aは手首の尺骨の先端付近に激痛を感じ、自分から肘を外へ動かして痛みから逃げようとする。こうしてBは、まったく無抵抗になったAを簡単に押し返すことができる（図3-8）。

図3-8　前腕の構造の弱点を攻める技

(a) Aが右手の平でBの胸を押す。
(b) Bは左肩を前に出すように胸を前傾させ、Aが背屈した右手の小指と薬指だけで胸を受け止める形にする。
(c) さらにAの右手が回内する向きにらせん状に押し込む。Aは激痛を感じ、耐えられず自ら逃げる。
(d) (b) の状態を真上から見た図。

手首を制して全身を制する

図３－５で、右手首を内側から右手でつかまれたとき、手首を中心とする前腕の回転によって、相手の手首を掌屈させながら抜く方法を示した。

図３－９はこの技の発展形の「**逆小手**《ぎゃくこて》」である。Ａ（つかまれた側）がＢ（つかんだ側）の手首だけを制して投げる技である。

Ａが単純に抜くのでなく、前腕の尺骨側でＢの第二〜五指をすくい上げるように前腕を回すと、これらの指が大きく屈曲する。Ａは前腕でこれらの指をさらに屈曲する向きに押さえつけながら、肘がＢの胸にぶつかるくらいまで回転させる。これにより、Ｂの手首の掌屈と前腕の回外は限界に達する。

この動きに合わせて、Ａは左前腕がＢの右前腕と一直線になるよう、掌屈した手首に左手の平を自動車のクラッチのように密着させる。そしてＢの右前腕を回外させながら（Ａの左前腕も回外）、Ｂの肘関節を大きく屈曲させ、肘がみぞおち付近に達するまで、前腕をその長軸方向に押し込んでいく。このようなＡの両腕の動きにより、Ｂの前腕と上腕がそれぞれ限界まで回外かつ外旋する。

Ｂは、手首の掌屈と肘の屈曲によって、その逆の手首の背屈と肘の伸展の作用を持つ総指伸筋などが極限まで引き伸ばされ、これらの関節にまったく「遊び」がなくなる。Bの第二〜四指は握る力をなくし完全に浮き上がっている。この図で実際には、Aが自由になった右手でBの前腕がさらに回外する向きにこれらの指を押さえつけると、手首から前腕に激痛が走る。Bが関節技の未経験者なら、この痛みに耐えきれず、ほぼ無意識に痛みから逃げる向き、つまりAから見て左側に倒れる。

しかし、関節技の熟練者で手首の強い人なら、あまり痛みを感じず、倒れずにここは持ちこたえることができる。このときはどうしたらよいだろうか。

Bの手首と肘の関節に「遊び」のなくなったことはすでに述べたが、上腕の外旋により肩関節にも余裕がなくなっている。つまり、Bの右腕全体は胴体に溶接した曲がった棒のように固まっている。こうして、手首付近に加えた力をそのまま肩を通して胴体に伝えることができる。二本足で立つ人間はもともと不安定であり、身体の各部分をさまざまに動かしてバランスを維持している。腕を固められると、バランス維持または回復の動きが完全に封じられる。

図でAが両方の接触点（手の平と甲）を中心に、足の運びによって上から見て左回りに全身を回転させると、Bは痛みとは無関係にどうしようもなく倒れる。痛みではなく、Bの腕を固めて後は体さばきで倒すのである。

Aが熟練者であるほど、Bが何とか逃げようともがいても、瞬時に対応して右腕を固めた状態

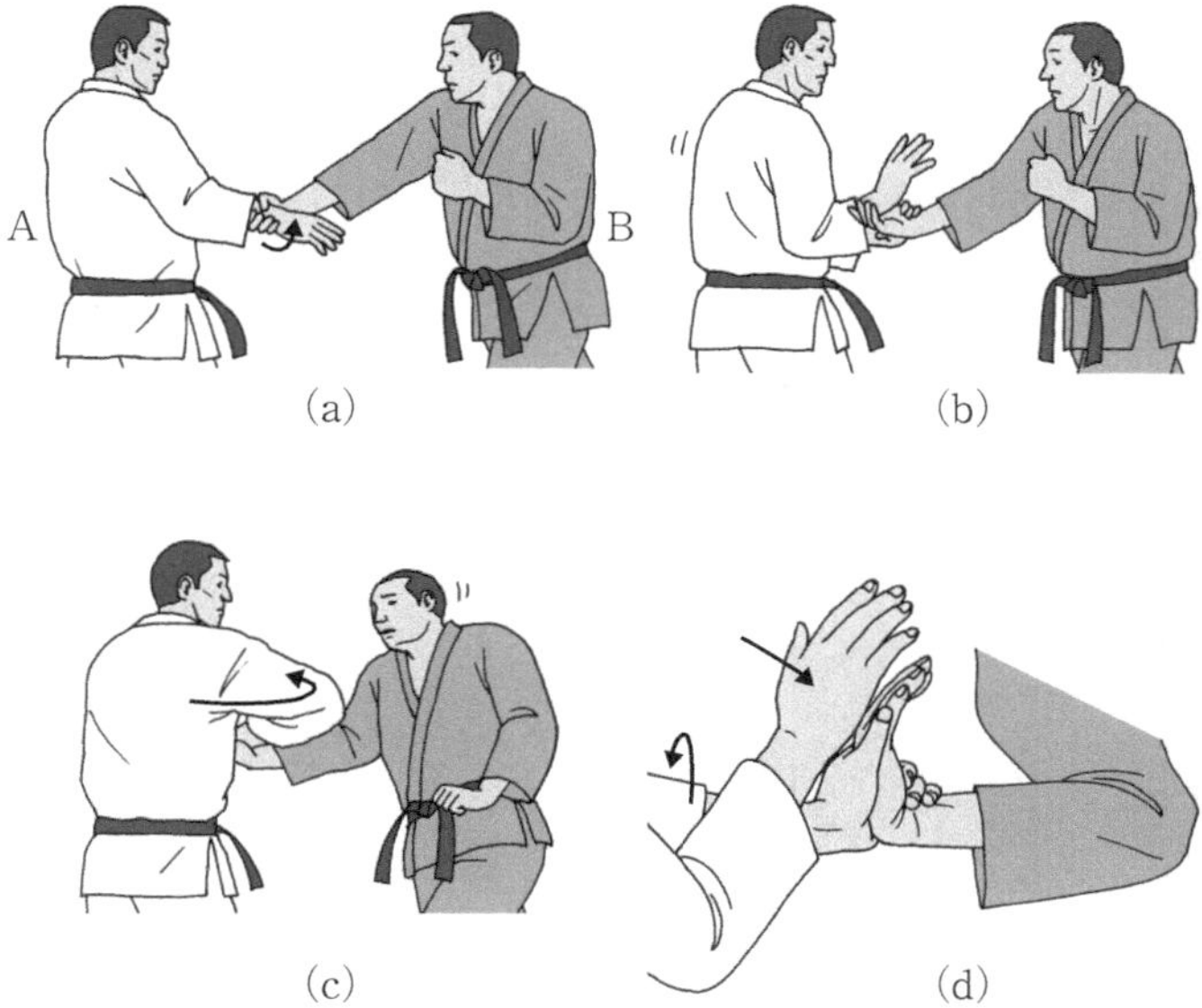

図3-9　つかんできた相手の手首を制して投げる技

(a) つかんできた相手（B）の右手首を掌屈させる。

(b) Aは前腕の尺骨側でBの第二～五指をすくい上げるように前腕を回す。Aは左前腕がBの右前腕と一直線になるようにし、Bの右前腕を回外させながら肘関節を大きく屈曲させる。こうしてBの前腕と上腕がそれぞれ限界まで回外かつ外旋する。

(c) Aが自由になった右手でBの前腕がさらに回外する向きに指を押さえつけると、手首から前腕に激痛が走る。

(d) Bは耐えきれず、痛みから逃げる向き、つまりAから見て左側に倒れる。

を保ち、倒れやすい方向に誘導する。そのため、あまり痛みを感じず、知らないうちに倒されてしまうことになる。

第4章 肩の動きを意識する

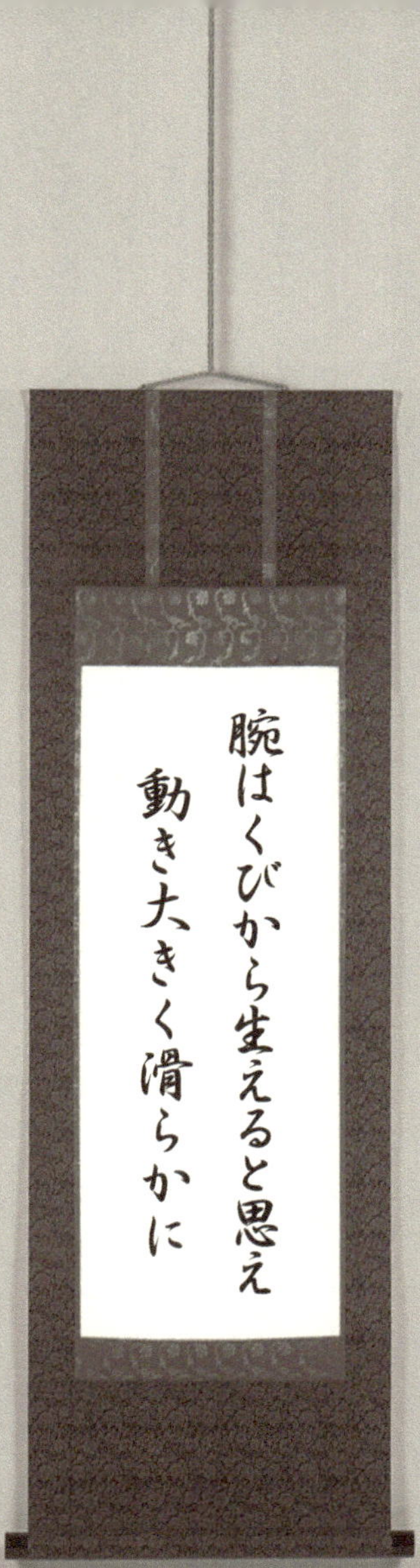

柔軟な動きを生み出す肩甲骨

肩甲骨の動きを重要視する武術は多い。正座中に後ろから肩をつかまれたとき、肩甲骨の動きだけで相手を前へ投げ倒してしまう武術の師範もいる。

一般に、人体を木に見立て、上肢（腕）と下肢（脚）を枝に、胴体を幹にたとえて**体幹**と呼ぶ。このイメージにつられて、変形しない体幹の肩から腕が直接生えていると思いがちだ。しかし実際は、上腕骨は肩甲骨につながり、肩甲骨は鎖骨とともに動く（図4-1）。胴体（体幹）に対して、肩関節の位置が移動するのである。

このため、肩甲骨は予想以上に動く。鉄棒にぶら下がったときはもちろん、手を上に伸ばすだけでも肩甲骨の動きを実感できるはずだ。肩甲骨の内側の端は背中の面から浮き立つ動きもできる。ブルース・リーは映画『ドラゴンへの道』の最後の決闘に備えたウオーミングアップで、肩甲骨の内側を猫のように立てて見せた。ボディビルダーは、広背筋を見せるポーズでは肩甲骨を大きく**外転**させ、僧帽筋を強調するポーズでは全体を**挙上**させ、**下方回旋**により外側を下げる。

かつて日本の女子シンクロナイズドスイミングの選手たちは、外国勢に比べて四肢が短く、見栄えがしないという悩みがあった。そこで腕を長く見せるため、肩甲骨とともに動かす訓練をして成功したという。普段から上腕骨とともに肩甲骨も動かしているのだが、意識することでさら

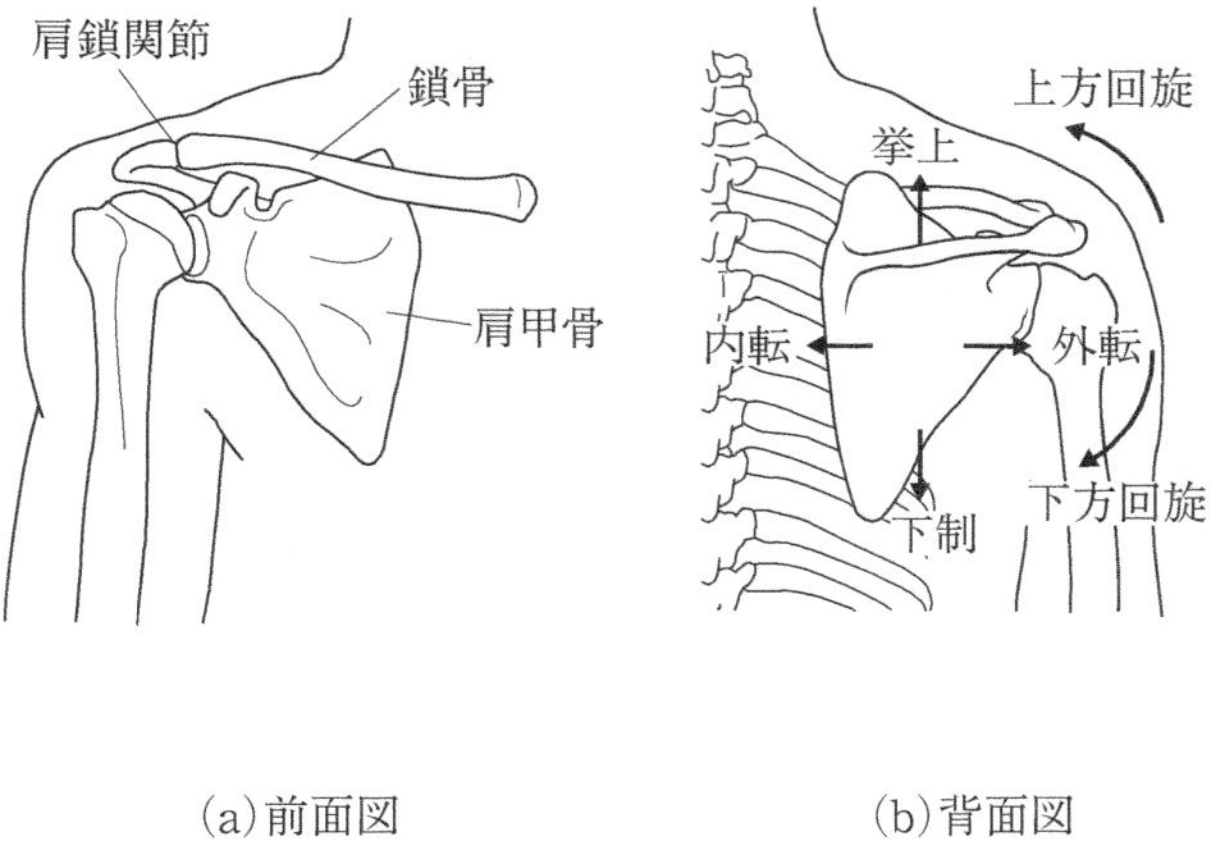

図４−１　肩の骨組みと肩甲骨の動き

に動きがよくなるのである。

空手の突きで拳をひねる理由

腕を動かす、すなわち上腕骨を体幹から動かす強力な筋肉として、大胸筋と広背筋がある。胸にある大胸筋は肩関節の水平屈曲（ベンチプレスでバーベルを持ち上げるときの動き）、背中にある広背筋は逆の水平伸展の機能を持つ。

共通の機能として、横に広げた腕を胴体に引きつける内転、前方へ振り上げた肘を後方へ引きつける伸展がある（図１−２参照）。懸垂運動でも両方の筋肉が協力して働く。ただし大胸筋は、伝統空手の正拳突きのように十分後ろに引いた肘を前へ動かすとき、あるいは自分の腰の後ろに手を当て前方へ押すとき、肩関節屈曲の働きもする。

両者に共通の重要な機能は、上腕骨を内側へひねる内旋である（前腕の回内と同じ向き）。これは、どちらの筋肉も上腕骨の前面に付着するからである。たとえば、両手を垂らして上腕を内旋するだけで大胸筋が盛り上がる。見方を変えると、上腕の内旋を意識すると、大胸筋と広背筋が自動的によく働く。

空手の突きでは、肘を大きく引き、腰または脇腹に構えた拳をひねりながら、つまり前腕を回内しながら突き出す。その理由として「砲弾がスピンしながら飛ぶのと同じで、ひねりにより威力が増す」と主張する空手家がいる。しかし、砲弾のスピンは飛行中の安定のためであり、衝突時の衝撃力と直接の関係はない。拳のひねりについても同じである。真の理由は次の通りである。

拳をひねると、自然に上腕も内旋する。拳を突き出すとき肩伸展の大胸筋が働くが、上腕の内旋により、この大胸筋の働きが強まる。さらに、空手の突きはボクシングのように肩を突き出さず、体の正面で的をとらえる。的から返ってくる反作用の力に耐え、全身の勢いを的に伝えるには、「脇を締める」ことによって肩関節で結ばれる上腕骨と胴体が一体になっていなければならない。上腕を内旋すると大胸筋が働いて自然に脇が締まるわけである。

大胸筋と広背筋が収縮して上腕骨を胴体に向かって斜め下へ引きつける（内転）、言い換えれば脇を締めると、上腕骨を受け止める肩甲骨のくぼみである肩関節にも同じ向きの力がかかる。つまり肩甲骨が内向きかつ下向きに押される（ただし、大胸筋の上部は肩甲骨としっかりつながった鎖骨に付着するので、肩甲骨自体をこの向きに動かす機能はない）。これらの筋肉は上腕骨を動かすことで間接的に、上腕骨とつながる肩甲骨も一緒に動かしているのだ。

腕相撲で勝つ方法

二人がテーブルで向かい合って力を競う、腕相撲について考えてみよう。

「腕相撲」という言葉に惑わされて、前腕や上腕の筋肉だけを鍛えても強くはなれない。では、どうすればいいのか。腕相撲のスタート位置では、上腕の内旋力の強いほうが有利だ。内旋の機能を持つのは、大胸筋と広背筋、それに肩の三角筋前部である。このほか、相手の手から自分の前腕・上腕と伝わってくる外力が、関節間力となって右肩甲骨を外転（この場合は右にずれる）させようとするので、それを防ぐために僧帽筋なども収縮する。つまり腕相撲は、胴体右上部を含んだ腕全体の力を競っているのだ。

さて、これらの筋肉に大きな力を発揮させるコツだが、図４－２のグラフを見てほしい。胴体を動かさず固定したまま、上腕だけを内旋させたとしよう。この内旋に関わる筋肉は短縮性収縮をすることになる。するとグラフ上では、小さいながら短縮速度 v を持つので、比較的小さな力 F_m しか出せないことがわかる。

そこで、両足で踏ん張りながら上体（胴体）を左に倒したとしよう（右手で腕相撲をしている

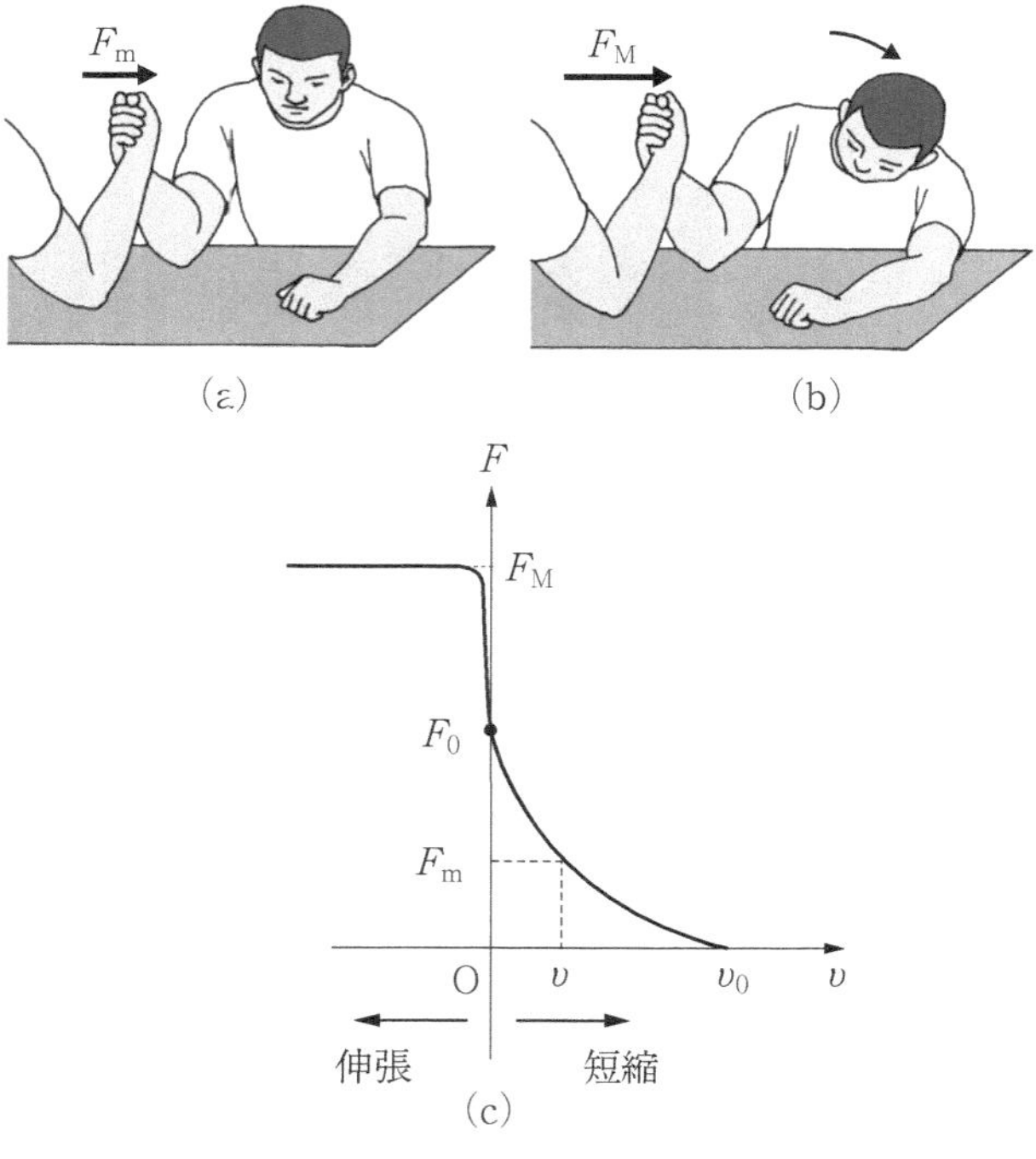

(a) 上腕だけを内旋させると短縮性収縮。
(b) 胴体を倒すと等尺性あるいは伸長性収縮となる。
(c) 短縮性収縮では小さな力F_mしか出ない。
伸長性収縮にすればF_Mの力が出せる。

図4-2 腕相撲で発揮される力

とする）。胴体と上腕の角度が一定でも、相手の手を押す向きに腕全体が動く。相手が強い場合は、こちらが胴体を倒しても上腕がそれほど動かず、逆に（胴体から見て）外旋することもある。胴体を倒しても腕が残っている状態だ。こうした場合、上腕を内旋させる筋肉は筋長が一定（等尺性収縮）か、わずかに引き伸ばされている（伸張性収縮）ので、F_0から最大でF_Mの大きな力を発揮できるのである。見方を変えれば、大きな筋肉を持つ下半身の力で胴体を左に倒す力を巧みに腕に伝えたわけである。

こんどは、床に腹ばいになっての腕相撲を見てみよう。

上腕の内旋力の勝負であることは同じである。相手のほうが強力であれば、正攻法では勝ち目がない。このとき、水平な床を垂直な壁と見なし、自分が片手の懸垂運動のように相手の腕にぶら下がっていると想像する。上腕の伸展が生じる懸垂運動では広背筋と、角度によっては大胸筋も働く。これらの筋肉を使った上腕内旋力により、普段より強力な対抗力を出すことができる。

また、相手は力を横向きにかけるつもりでいるところを、気づかないうちに前へ引っ張られるのでとまどってしまう。これは初歩的な例だが、相手に気づかれないよう、見かけと異なる向きの力を出すのも武術のテクニックのひとつである。

腕は首の付け根から生えている

上背部にある肩甲骨と胸の最上部にある鎖骨は、肩関節のすぐ上の**肩鎖関節**で結合し、**肩甲帯**を作っている（図4－1参照）。肩甲骨は多くの筋肉を付着させているため、意外に複雑な構造をしているが、体幹と筋肉だけでつながって上背部を滑るように移動・回旋する。鎖骨は胸骨の上端部（胸骨柄《きょうこつへい》という）と**胸鎖関節**（図1－1参照）でつながっている。腕が胴体と最終的に関節でつながるのは、この胸鎖関節だけである。

ついでながら、柔術家は相手の肩を漫然とつかむのではなく、肩甲骨の構造上、指を引っかけやすいくぼみや出っ張りに指を入れる。さらに、肩甲骨を覆う筋肉のすき間や押さえると痛い箇所を熟知している。私の経験でも、柔術家に肩をつかまれるとほとんど抵抗できなくなる。

肩甲帯の役目は、第一に上腕骨の動きに連動して上肢を大きく動かすこと、第二に上肢が力強く動けるよう肩甲骨がその土台となることである。

腕は肩を中心にあらゆる方向に大きく動かすことができる。しかし、じつは上腕骨は横方向（外転）や前方へ振り出す（屈曲）とき、肩関節の構造上、水平より三〇度ほど上までしか動かない。たとえば、肩関節を上から押さえて腕を外転させたとき、水平を越えると肩甲骨が上向きに動き始めることが感じられる。腕の自由な動きは、肩甲骨と鎖骨が連動して動くこと、詳しく言えば、上腕骨の付け根でもある肩関節の位置が移動すること、肩関節の関節面を上腕骨の動きやすい向きに向けることで確保されているのである。

このように肩甲帯を含めて考えると、腕の付け根は肩関節ではなく、肩甲骨内側と胸鎖関節の中間付近、つまり首の付け根あたりにあると見なすことができる。上腕骨が長さ二〇センチほどの仮想的な骨につながり、この骨が首の付け根から生えているというイメージを持つと、腕の動きが格段に大きくなる。パンチを出すときも、拳一つ分以上遠い距離を打つことができる。

頭を宙に浮かせる太極拳の「立身中正」

太極拳では「立身中正《りっしんちゅうせい》」といって、常に頭部をまっすぐ立てる姿勢を強調する。これにも肩甲骨が深く関わっている。

肩甲骨を含む肩の動きには、さまざまな筋肉が関係している。それらの働きで、外部の力に対して肩甲骨を固定したり、あるいは腕と連動して積極的に動かすことができる。たとえばダンベルを持ち上げるときは、肩関節にある三角筋が働く。ところが、三角筋には肩甲骨を胴体につなぎ止める機能がなく、そのままでは肩甲骨が回転しながら（下方回旋）押し下げられてしまう。それを支えるために肩甲骨を引っ張って固定するのが僧帽筋だ。さらに僧帽筋の一部は首を左右に倒す機能もある。このように、多数の筋肉が巧みに連動している。

これを逆に捉えると、たとえば首を右に倒した場合、左の肩甲骨が引き上げられ肩が浮くので、肩甲骨の下方への動きがとくに制限される。頭がどちらかに少し傾くだけで、技のスピードや巧緻性に悪影響が出ることを、中国拳法家は経験的に知っているのだ。

太極拳の「立身中正」はまさにこの点に着目した考え方といえる。とりわけ精妙な肩の動きを重要視する太極拳で、肩甲骨を動きやすい状態に保つため、このような姿勢が基本となるのもうなずける。熟達すると、頭部が宙に浮いたように重さを感じなくなるというが、その状態を保ちながら技を使えば、まったく力むことなくどのような変化にも瞬時に対応して動くことができる。

前項で「腕は首の付け根から生えている」と述べたが、パンチやボール投げのように腕を伸ばすときには、このイメージで肩甲帯を十分に活用して腕の動きを大きくできる。一方、懸垂運動や柔道で相手を引きつけたり、膝蹴りのため手前へ崩すときは、背中に広がる広背筋、上背部にあって肩甲骨を**内転**させる僧帽筋や**菱形筋**《りょうけいきん》などの働きが欠かせない。腕で引くのではなく、主に背中で引いている、と考えることもできる。実際、腕が首の付け根、上背部から生えているというイメージを持つと、引く動作が力強くなる。

リーチが伸びる中国拳法特有の突き方

脇腹にあって、一見あばら骨のように見える筋肉がある。**前鋸筋**《ぜんきょきん》という（図1-1参照）。肩甲骨を外転つまり側方へ張り出す重要な筋肉で、大胸筋の三分の二ほどの大きさがある。肩甲骨は丸みのある背中の面を滑るように動くので、他の筋肉と協力して肩関節を側方だけでなく前方へも動かす。前鋸筋は、腕立て伏せの最後に肘を伸ばすとき、あるいは肘を伸ばした状態で上半身を上下させるときの上昇中によく働く。

肩甲帯の動きにより、パンチの届く距離を伸ばせることは前に述べたが、前鋸筋を使った中国拳法特有の突き方がある。相手の上段（顔面）突きに対し、完全な半身（横向き）となりながら、突き腕の下側に沿って、感覚的には触れた突き腕をガイドラインにしてカウンターの突きを出す。このとき、前鋸筋により肩甲骨を目一杯外転させる、つまり横方向へ張り出すと、一〇センチくらいリーチが伸び、相手の突き腕側の脇の下や脇腹上部に打ち込むことができる。

相手が前足の側の拳で突いたときは、完全な半身になっているし、後ろ足の側の拳で突いたときも、胴体のひねりにより、比較的半身に近い体勢になっている。つまり、相手の突き腕の側の脇腹は自分に近づいているので、少しくらいリーチの長い相手に対しても先に当てることができる。もちろん、突き腕を内旋させることにより、相手の突きをわずかに逸らすこともできるし、もう一方の手の平で拳を受け止めるようにガードすることもできる。

同様に、相手の前進がすばやく、この突きを出す暇がなければ、やはり完全な半身になりながら身を沈めて（軍人が敬礼するような格好で）肘を肩甲骨の外転により側方へ突き出し、脇腹を

(a)

(b)

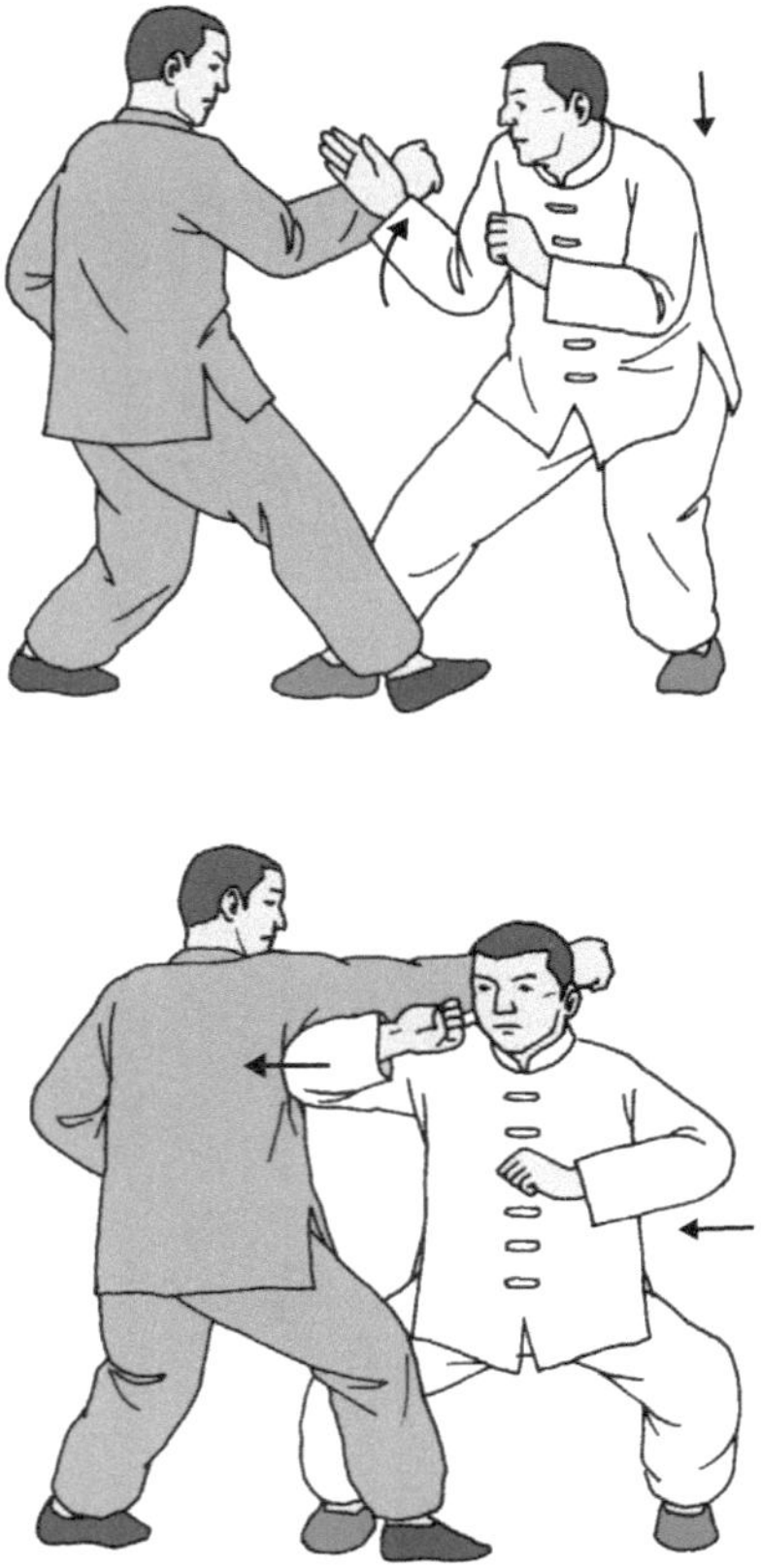

図4-3　中国拳法・八極拳の「裡門頂肘」

(a) 軍人が敬礼するような格好で肘を突き出し、半身になりながら身を沈める。
(b) 肘を曲げた腕で相手の拳が顔面に当たらないよう誘導しつつ、そのまま相手の脇腹を打つ。

打つことができる。中国拳法の一つ、八極拳の「裡門頂肘《りもんちょうちゅう》」という技である（図４－３）。もちろん肘を曲げながら、前腕と手で相手の拳が顔面に当たらないよう誘導する。さらに、肘を出す間もないほど相手の突進が速ければ、肩で体当たりしてもよい。体当たりの衝撃に耐えて肩甲骨が内転しないよう保持するのも、前鋸筋の働きである。

この他、組み合った相手の顔が肩の近くにあるとき、下半身の大筋群による体幹のひねりによる肩の動きに加え、前鋸筋、僧帽筋、菱形筋などによって肩をいろんな方向に突き出し、「肩で殴る」こともできる。

寸勁による瓦割りでは、瓦の上に置いた掌底を動かさずに全身を沈めるため、肩甲骨の動きによる肩関節の遊びを利用する。これを水平方向に用いれば、相手に触れた掌底あるいは拳を動かさずに、下半身のパワーで身体重心を加速することができる。次の瞬間、伸張性または等尺性収縮をする前鋸筋などにより肩甲骨を固定すれば、全身の運動量を相手に伝えることができる（図４－２ｃのF_MまたはF_0の力で肩甲骨がしっかり固定されている）。また、目標が、顔面など軽くて動きやすいときは、後ろに引いた（内転した）肩甲骨を短縮性収縮をする前鋸筋などによって前進させると、突き腕の速度が大きくなる（同じくF_mの力と速度v）。

(a)

(b)

図4-4　肩の動きを封じて肘を極める技

(a) 体勢を前へ崩すように引っ張りこみながら、相手の手首・上腕を外旋させ、肘の曲がる面が鉛直面にくるようにする。
(b) 肩が浮き上がるよう、腕を肩に押し込むような向きに力を加える。肘を押し上げる力は手首を押さえる力の約二倍になる。

肩を浮かせて肘を極《き》める

肩の動きの重要性を逆手に取り、肩の動きを封じることで相手をギブアップさせる技がある。図4－4は、右手で相手の右手首を押さえ、左手で肘を押し上げて逆を取る技である。手首と肘に太い矢印で表した二つの力を加える。図にはないが、相手の体の重みが肩を押し下げるので、腕は三つの力によって釣り合っている。

相手の手首に加えた力の腕に垂直な成分が、肘を伸ばす作用を持つ。肘に加わる力はテコの支点を支える力と見なせばよい。肘は腕のほぼ真ん中にあるので、テコの原理から、この状態で肘にかかる力は手首を押さえる力の約二倍になる。二つの力の腕に平行な成分が腕を肩に向かって押し上げている。

この技をかけるコツは、

①自分の両手を体に近い位置に保ち、大きな力を出せるようにする。
②相手の手首を外旋させ（上腕も外旋する）、肘の曲がる面（上腕と前腕の作る面）を鉛直面に一致させる。
③肩が浮き上がるよう、腕を肩に押し込むような向きにも力を加える。

の三点である。

①については、相手の手首を自分の体に密着させ、自分の左肘を脇腹に固定し、全身を反らす

ような動きで、相手の肘を持ち上げるのも一つの方法である。さらに、自分の両手を結ぶ線（を床面に投影した線）と、両足の接地点を結ぶ線をほぼ一致させると、脚の力がそのまま手に伝わる。左腕の使い方は、相撲のおっつけにも似ている。

②のようにする理由は、この体勢のとき、相手は逃げることができなくなるからだ（上方向に逃げ道はできるが、現実的に上に逃げることは不可能）。たとえば、肘の曲がる面が水平面と平行だと、横方向に動いて一度極められた肘を曲げることができる。肘の曲がる面をしっかり鉛直面に平行になるように保ち、肘を伸ばして極める二つの力のベクトルがその鉛直面内にくるようにするのがコツである。

③は、肩甲骨を極限まで挙上させ、動きを封じた状態である。

三つのコツを熟知した相手にこの技を極められたら、逃げようがない。

私がこの技を大学の武道部を含む大勢の運動部員に試してみたところ、誰一人逃げられなかった。ところが、第1章でも紹介した太極拳の池田秀幸さんに技をかけてみたところ、完全に肘を極めたはずなのに、肩が一秒間に数回という信じられないほどの速さで自在にぐるぐると回り、あっさり外されてしまった。以前、ある中国拳法家に肩の動きの重要性を説かれたことがあるが、これほどの速さで動かせるとは思ってもいなかった。私のレベルでは、肩甲骨を極められなかったのも無理はない。

池田さんは、柔道部の大柄な黒帯に「腕ひしぎ十字固め」を十分にかけさせ、そこからするりと抜け出すこともできた。この技は、仰向けになった相手の片腕を両脚で挟み、自分の骨盤を支点として両手で肘を伸ばして極める必殺技で、テレビの格闘技番組でもよく見られる。別の武術家が、この技をかけられる途中で腕を内旋させながら逃れたのを見たことがあるが、肘が伸びきってから外せるとは思ってもいなかった。

この技を外す場合も、何らかの手段で肩甲骨の「遊び」を作り、腕を内旋するのがコツのようだ。技をかけるにしても外すにしても、武術ではこのように肩甲骨の動きを精密に使っている。

肩甲骨を極めて引き倒す

図4－5は、手首と肘をつかんで引き倒す、太極拳の「**倒巻肱**《とうけんこう》」という技である。たとえば相手の突きに対して、一方の手で手首を取り、他方の手で肘を回すように伸ばしながら引き倒す。力学的な条件をきっちり満たすと、おもしろいように倒れる。この技は、相手との接触点は手首と肘だけだが、実際には肩を攻めている。つまり相手の腕を通して肩から胴体に力を加え、全身を制御しているのだ。

この技の第一のポイントは、図4－5aのように手首と肩を結ぶ線を回転軸とし、そのまわりに肘が回るよう力の向きを変えていくことである（肘のまわりに描いた矢印）。力の向きがこれ

(a)

(b)

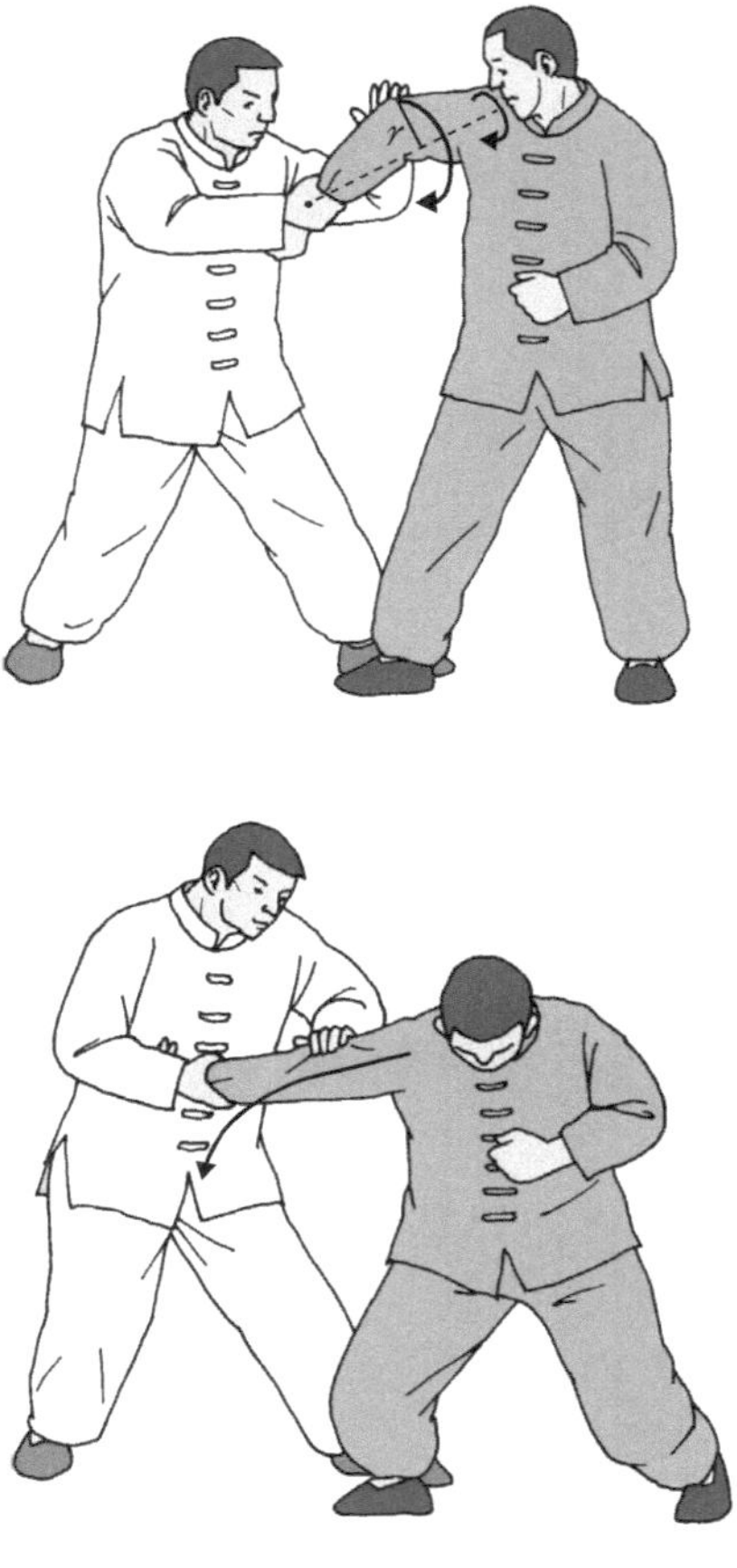

図4−5　肩甲骨を極めて引き倒す太極拳の「倒巻肱」
(a) 肩甲骨を前へずらすよう手首と肩を結ぶ線を回転軸とし、そのまわりに肘が回るように力を加える。
(b) 相手の肩が膝より前に出たら、力を下向きに変える。

と異なると、有効な回転半径 r が小さくなり、そのぶんだけ大きな力が必要になってしまう。また、その力を相手は肩に感じるので、抵抗されやすい。なお図では省略したが、左手は肘を伸ばす向きに引く力も加えている。

第二のポイントは、肩の付近に描いた矢印のように、肩甲骨を相手の前方へずらすように力を加えることである。これで第一のポイントと合わせて、肩甲骨が限界まで挙上・**上方回旋**（図4-1b参照）かつ外転して「遊び」がなくなり、逃げられなくなる。

手首を握った右手の位置は、なるべく自分の体に近いほうが大きな力が出せる。そして、右腕だけの力や動きに頼るのではなく、全身の体さばきで右手を引く。左手の回転軸の向きを保つのも右手の役目である。さらに左手による回転と同じ向きに相手の前腕を内旋させる。

相手はこの技を嫌い、おそらく肘を曲げようとしてくるだろう。相手の意識は当然、肘に集中する。無理に肘を押そうとすると、力比べになってしまう。それよりも、相手の意識の及ばない右手で手首を引くことに意識を切り替えると、相手は気づかないうちに全身のバランスを崩され、抵抗できなくなる。

こうして図4-5bのように、相手の肘が完全に伸びて引きやすい体勢になったとき、肩が膝より前へ出た局面から、両手で加える力を下向きに変えていく。これで相手は引いた向きに崩れ落ちる。

両者の足は、図からもわかるが、攻者がもっとも引く力を加えやすい（自分の）両足を結ぶ線に沿って引くと、守者が図のやや手前に倒れる位置関係にある。もちろん、この技をかけ始めるときから、その位置関係になるよう足を運ぶのである。

第5章 パワーとスピードの源——体幹

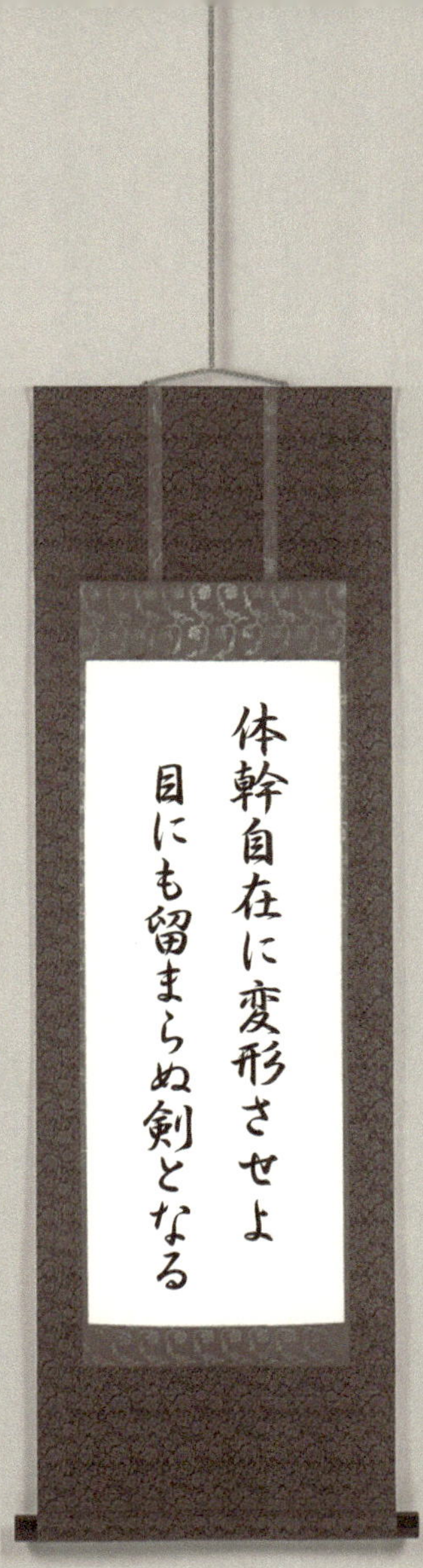
体幹自在に変形させよ
目にも留まらぬ剣となる

体幹の持つ三つの重要な役目

ふだん「胴体」と呼ばれる体幹は、手足と違って動きが乏しいと考えられがちだ。しかし、体幹は意外に大きく変形させることができ、その動きは武術において重要視されている。

体幹を支えるのは**脊柱**《せきちゅう》（背骨）だ。脊柱は前後左右に曲がり、ひねることもできる。肺の中の空気量によって胸郭《きょうかく》は大きさが変わり、息を詰めた空気量が同じ状態でも、横隔膜の動きによって、腹と胸を交互に膨らませたりすぼめたりできる。

腕や肩の筋肉を使わずとも、体幹の変形だけで大きく腕を動かすことができる。剣術では、体幹の活用によって上肢の動きを見えにくくすることも多い。中国拳法では、腰背筋のパワーを積極的に使っていると思われる。このように、体幹を意識することも武術では不可欠である。

体幹は、動きの面でその大きさに比例した重要な役目を持っている。その役目とは、

①筋肉量が大きく、大きな力とパワーを発揮できる。
②体幹の小さな動きが四肢の大きな動きとなって表れる。
③体幹の動きは相手に気づかれにくい。

の三つである。

まず第一の役目だが、体幹の後面には、表層の広背筋などの下層に**脊柱起立筋**（いくつかの筋

肉をまとめた名称）があり、さらに深層には腰方形筋《ようほうけいきん》・多裂筋などが、多数の**椎骨**《ついこつ》や**骨盤**にまで張り巡らされている。これらの筋肉によって椎骨同士が引っ張り合ったり腰椎が骨盤に引きつけられたりして、いろんな方向に曲がったりひねったりできる。体幹の筋肉（内臓を構成する筋肉を除く）の全筋肉に対する比率は、男性で四十数パーセント、女性で五十数パーセントもある。女性の比率が高いのは、上肢の筋肉量の比率が男性より少ないためである。

体幹前面の胸部下部から腹部には表層から順に、**腹直筋**・**外腹斜筋**・**内腹斜筋**・**腹横筋**が四層に重なっている（図５－１）。最初の三つは、左右両側が同時に収縮すると、腰椎が屈曲する（腹部を丸める）。後面の筋群についてもいえることだが、片側だけが収縮すると**側屈**（横曲げ）や回旋（ひねり）が生じる。腹横筋は、腹圧を高める機能を持つ。

筋肉の出せる力がその太さ（横断面積）に比例し、瞬発的なパワーがその重量に比例することを考えれば、体幹の重要性が理解できる。第２章で、全身を同時に鍛える武術特有の筋トレに触れたが、これは四肢だけでなく体幹を強化するのに適している。武術では「強い人は腰まわり（の筋肉）が太い」とか「腰の強さが重要」というが、たんに後面下部の腰を指すのではなく、体幹全体の筋肉の強さと使い方の技術を意味すると考えられる。

写真５－１ａは、やや背中を丸めて特有の構えをした中国拳法家である。中国拳法では**発勁**《はっけい》といって、爆発的な力とパワーを出す身体技術があるが、その発生源として下肢の他に体幹の筋群

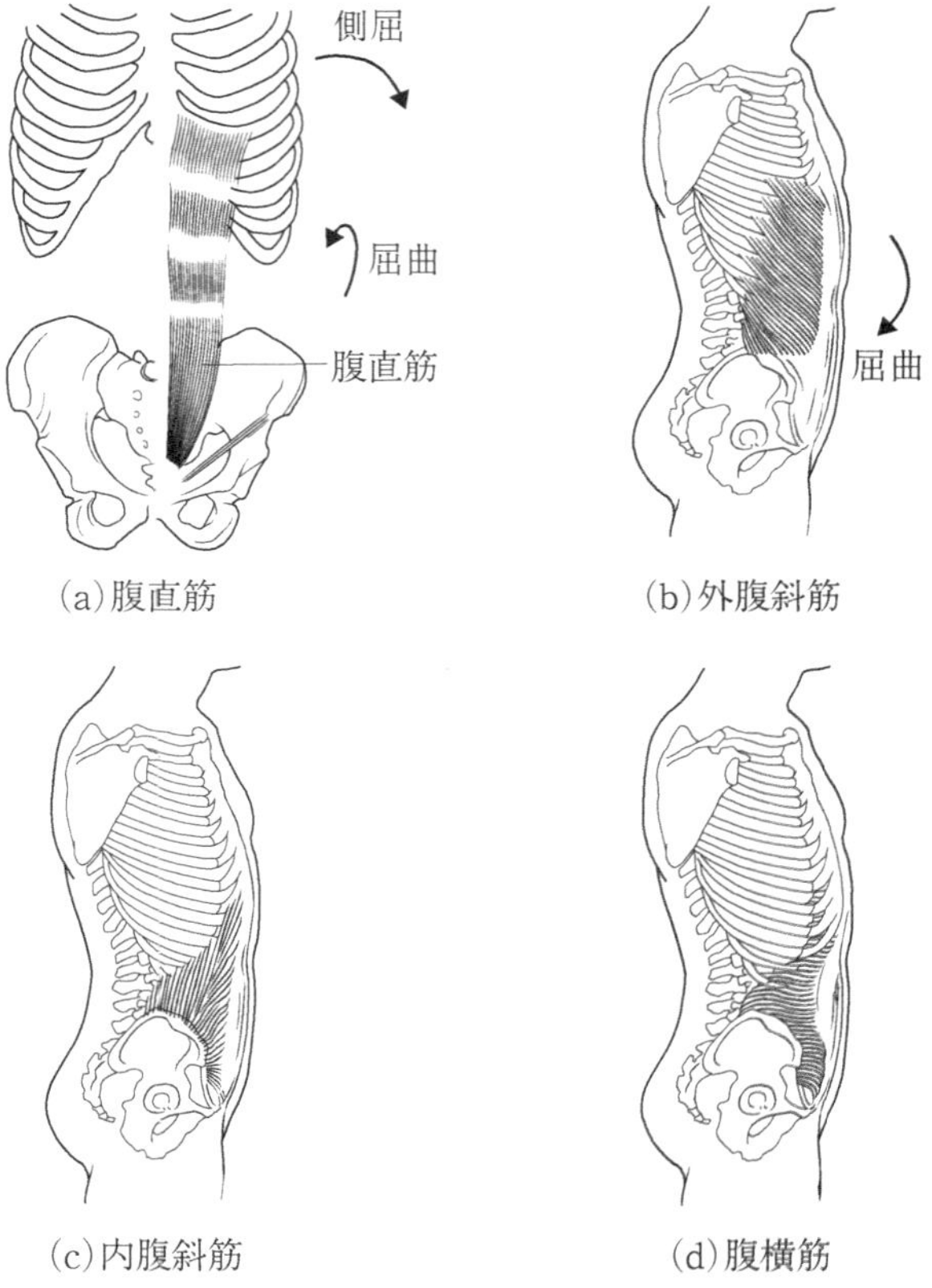

腹筋は四層構造になっている。(a) 腹直筋 (b) 外腹斜筋 (c) 内腹斜筋 (d) 腹横筋 (a)、(b)、(c) はいずれも左右両側の同時収縮で腰椎屈曲。右側だけの収縮なら (a) は右側屈、(b) は右側屈と左回旋、(c) は右側屈と右回旋、(d) は帯をきつく締めるように腹圧を高め呼気の機能。

図5−1　腹筋は四層構造になっている

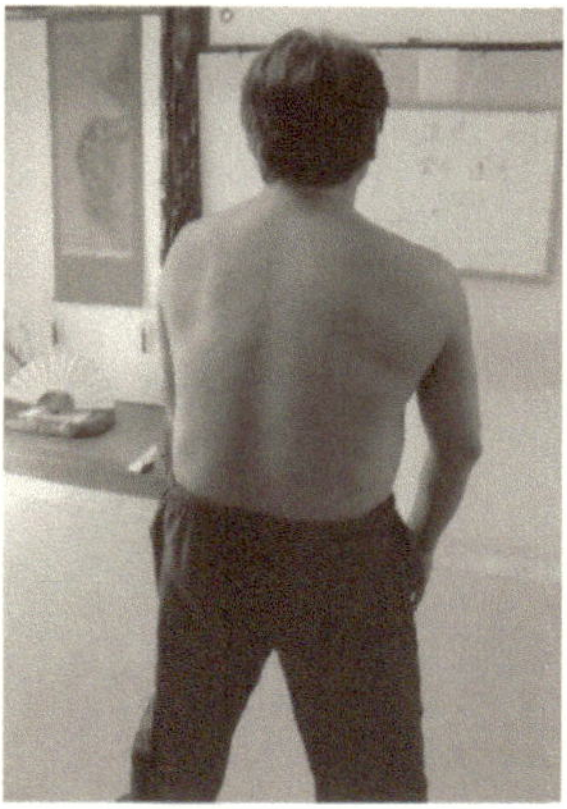

(a)

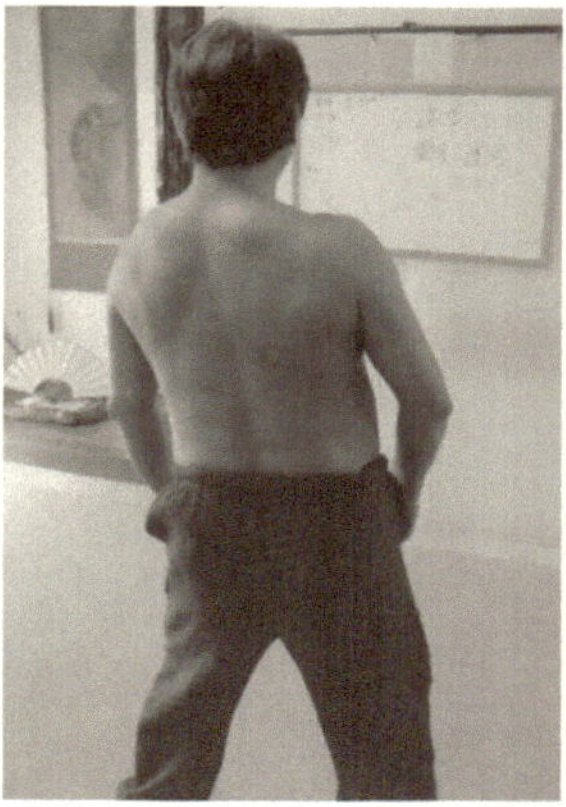

(b)

写真５-１　中国拳法家の構え

骨盤と胸部をつなぐ腰が蛇腹のように動く。(a) 中国拳法特有の背中を丸めた姿勢。(b) 胸部と頭部が一体となって左へ平行移動する。

も大きく寄与していると考えられる。

体幹の動きに関連するエネルギーについて説明しておこう。たとえば両肩を含む体幹上半分が、骨盤を含む下半分に対して動いたとき、体幹自身がエネルギーを発揮している。また、両脚の動きによる骨盤の動きにともなって体幹全体が動くとき、体幹は下肢から生じたエネルギーを自分の運動エネルギーとして蓄えるとともに、次に説明するように上肢に伝える役目をする。

体幹と上肢の動きのタイミングが大切

四肢の運動は多くの場合、体幹の動きをともなっている。

体幹が回転する場合、詳しい力学の説

(a)　(b)

図5-2　体幹を利用した手刀打ち

手刀は手の甲を上にして打つが（b）、準備動作で前腕を回外すると、上腕二頭筋の作用で肘を曲げやすい（a）。このときひねった体幹のパワーを使い、a→bの順で手刀打ちをするともっともパワーが出る。

明は省略するが、その回転による肩の動きにつれて、体幹から上肢へ大きなエネルギーが流れ込んでいる。たとえば、両腕を脱力して左右に振り回す運動を見てみよう。両腕の運動エネルギーはすべて体幹から肩を通して腕に伝わったものであり、腕自身はまったくエネルギーを出していない。腕を動かすのは、肩関節を通して体幹から上腕に作用する関節間力である。この状況を「遠心力を利用して振る」と言う人もいるが、誤解を招く表現である。

図5-2のように手刀打ちする場合はどうだろうか。図では、右腕を左肩に引き寄せ、そこから腕を右に払うようにして手刀を打っている。このと

き、右腕は体幹から肩関節を通してエネルギーをもらいながら、さらに自身も肩と肘からエネルギーを出して、先端の手を高速に加速している。体幹はほぼ体の中心を通る鉛直軸のまわりに大きく右回転し、その軸からもっとも遠くにある手（手刀）が回転半径に比例した高速で動く。これが第二の役目「体幹の小さな動きが四肢の大きな動きとなって表れる」である。体幹を固定して右腕を振るだけでは、体幹からのエネルギーの流入がなく、あまり高速に達することはない。

体幹の動きに合わせて肩を水平伸展させ、肘を伸展させることにより、体幹を固定して腕だけを動かしたときより、肩と肘の関節に大きなパワーを発揮させることができる。さらに、体幹のほうも腕が動く反作用の力に逆らって動くので、自然に大きな力（したがってパワー）を出すことになる。ただし同じ体幹の動きでも、肩と肘の関節を伸展させるタイミングによって、発揮できるエネルギーに差が生じる。熟練者の「無駄のない滑らかな動き」とは、このタイミングの良さを指すとも考えられる。

体幹を波打たせて両拳で突く

武術に特有の動きとして、体幹を下から上へ波打たせることがある。この動きによって、両手（の拳または掌）を同時に突き出す方法を説明しよう（図５－３）。

両手をだらりと下げて直立した姿勢から、腰を引くように背中（とくに下部）を丸め（写真５

(a)　　(b)　　(c)

図5-3　体幹を波打たせて両手で突く

(a) 両手を下げた直立の姿勢から、(b) 腰を引くように背中を丸めながら、腕を体幹の表面を滑らすように肩の高さまで引き上げ、(c) のけぞるように一度後ろへ傾き、次の瞬間前へ傾きながら腕を前へ伸ばす。

-1aはこれに近い)、引いた腰を再び突き出し、さらに引く。その動きを波打たせて上に伝えると、胸がわずかに前傾した後、急にのけぞるように一度後ろへ傾き、次の瞬間前へ傾きながら出る。

こうして、胸が最初のやや前傾した姿勢からやや後傾に移るのに合わせて、両手の平で腹部を下から上へ撫でるような手つきで、ほぼ肩の高さまで引き上げる。このとき肘はほぼ肩の高さで四五度ほど外側へ張り出した形になる。つまり上腕は大きく斜め前へ振り出される。

最後に胸が再び前傾しながら前へ動くが、その動きが最も大きいのは最上部にある両肩である。両肩の動きに合わせて、腕を急速に前へ伸ばすと、両手の突きまたは掌打が実現する。この技で腕を動かすパワーの大部分は体幹から出ている。手刀打ちでは体幹も腕も鉛直軸のまわりの回転だが、ここではみぞおち付近を左右に貫く水平な回転軸になっただけである。普通のパンチと異なり、一見棒立ちの姿勢から、体幹のひねりがなく、しかも両手を同時に突き出せるので、奇襲攻撃としても有効である。もちろん、両手で打つ高さを変え、顔面とみぞおちなどを攻撃することもできる。

相手が先に突きで攻撃してきたとき、前半の両手を挙げる動作がそのまま突き腕を払う防御にもなるので、防御と反撃が連続的に行われる。

この体幹を波打たせる動きは、左右対称にする必要はなく、右肩だけを大きく波打たせるのに合わせて（このときは体幹のひねりも生じる）右手を突き出すこともできる。

お気づきの読者もいるだろうが、この項では腕の関節として肩と肘だけを取り上げて考えたが、第4章で述べた通り、肩甲骨の動きも重要である。

なぜかパンチが空を切る

第三の役目「動きが相手に気づかれにくい」は、第一、二の役目と密接な関係がある。体幹が大きな力とパワーを発揮し、それが腕（時には蹴りの脚）に伝わり、大きな力強い動きとなって表れる。その体幹自体の動きが気づかれにくいことを、武術では最大限に利用している。

まず単純な例として、体幹の変形により、顔面へのストレートパンチをよける方法を説明しよう。両足の位置を変えないとすると、体幹を左右または後方へ倒して、攻撃目標とされる頭部の位置をずらすのが普通である。自分でやってみるとよくわかると思うが、このとき頭部はまっすぐの状態を保つことが多い。

武術と比べるために、ボクシングを例にとってみよう。ボクシングのよけ方は、たしかにパンチをかわすために動きは速いが、攻撃側がその動きに気づいていないわけではない。頭部と胸部の相対的位置や角度の変化を読み取ることで、相手の動きを見抜くことができる。

一方、武術ではこうしたよけ方はしない。次に紹介するように、気づかれないよけ方をする。この章の冒頭でも紹介した、中国武術家の姿勢を例にしよう。写真5－1aは左右に傾かずまっすぐに立った状態、bは胸部を骨盤に対して左へずらした状態である。ストレートパンチに合わせて、骨盤と胸部をつなぐ腰椎下部を左に曲げ、同時に腰椎上部を逆の右に曲げると、胸部がまっすぐ立ったまま左へ平行移動する。なじみのない動きだが、骨盤と胸部の間がアコーディオンの蛇腹《じゃばら》になったイメージで、骨盤を動かさず胸部だけを前後左右に動かす練習をすると、すばやく動けるようになるという。

これを攻撃側から見ると、頭部が胸部と相対的角度を変えないまま一緒に動くので、頭部自体の動きに気づきにくく、頭部の最初の位置、写真でいうと攻撃側から見て左側の空間を打ってしまう。この動きに習熟すると、プロ級のボクサーですらよける動きに気づかず、「当たったはずなのに、なぜかパンチが空を切った」と感じてしまう。同じ方法で胸部と頭部を後ろへ引くと、届くはずのパンチが届かなくなる。

信じられないという読者のために言うと、攻撃をする意図がなく、ただ見ているだけなら、この動きを何とか読み取ることができる。しかし実戦では、体幹の移動は気づきにくい骨盤の動きに乗って行われるし、緩やかな服を着ていれば体幹の変形が隠れる。攻撃側が目標を定めて後、パンチを出す動作を始めてから〇・一秒か〇・二秒の間に、こうした微妙な動きを見極めることは難しいのである。

いつ刀を抜いたかわからない居合い

日本の剣術には、外国には見られない独特の「居合い」がある。これは、鞘《さや》に収めた刀を瞬時に抜いて斬る技で、先に刀を抜いて構えた相手に対しても有効なすばやい技である。熟練者の居合いを目の前で見ると、目を凝らして注意しても、いつ抜いたかほとんどわからない。ここにも体幹の動きが重要な役目を果たしている。

初心者は、左腰付近にある鞘の**鯉口**《こいぐち》（先端の口）近くを左手で握り、右手を大きく伸ばして刀を抜こうとする。刀の刃の長さは七五センチ前後だから、手の動く距離も同じだけ必要になる。

身長のわりに長めの刀だと手の長さが足りず、途中までしか抜けない。また、刀の重さ（鞘を除く）は一キロ前後だから、腕の筋肉だけのパワーで刀を高速にまで急加速することはできない。これでは、刀を抜いている途中に、先に抜いて構えている相手に右小手などを斬られてしまう。うまく抜けたとしても、腕が伸びきっているので次の操作ができない。

抜いた刀をそのまま横に払う場合について、熟練者のテクニックの原理を見てみよう（図5-4）。細かい点は流派によって異なるが、基本的な動きに変わりはない。刀は鞘ごと何重にも巻いた帯の間を通してあるが、長さ方向に滑らすことと、左腰の帯を中心に先端の向きを自由に変えられることに注意しよう。

まず、ほぼ正面を向いて立った姿勢から、最初の構えとして右肩と左腰が接近するよう背中を丸めた姿勢になる。背中を丸めるのと同時に、左腰の鞘をやや内側の前方へ二〇センチ以上突き出す。つまり刀の位置がそれだけ前に出たことになるが、鞘ごとの移動なので気づきにくい。右手のほうは、みぞおちの前付近で柄を出迎えるように軽く握るが、左腰に近づく右肩に乗った動きなので、体幹に対する相対的動きは小さくやはり気づかれにくい。抜いた後で握り直さなくてもよい位置や角度を保っていることは言うまでもない。

なお、背中を丸めて刀を鞘ごと前へ出す効果を大きくするため、腰を引きつつ折りたたみながら身を沈め、上体を大きく前傾させることもある。この場合、身体重心が急に下降するが、その

図5-4　体幹の動きですばやく抜刀する居合い

(a) ほぼ正面に向いて立った姿勢。

(b) 右肩と左腰を近づけるよう背中を丸める。左腰の鞘をやや内側の前方へ突き出す。

(c) 右肩と左腰が離れるように胸を張りながら刀を抜く。このとき前へ突き出していた鞘を左腰に戻す動作も同時に行う。

結果、両足の裏が床から浮くような感覚が生じる。逆に言うと、両足の裏を急に浮かすような意識で（けっして跳び上がるのではない）この動作を行うと、滑らかにできる。これはほんの一例だが、武術では意識の持ち方ひとつで同じ動作が滑らかになることが多い。

さて、右肩と左腰を接近させたら、次に、右肩と左腰が離れるよう胸を張りながら刀を抜く。背中を丸めた姿勢と胸を張った姿勢では、右肩と左腰の距離が二〇センチほど違う。前に説明した体幹の役目「体幹の小さな動きが四肢の大きな動きとなって表れる」により、肩から伸びた右腕の先端は左腰に対してその二倍以上動く。この動きに、体幹に対する右腕の前方への伸びが加わり、刀が急加速される。

これと同時に、前へ突き出していた鞘を左腰に戻すが、その左腰を引く動作が加わり、刀は鞘から自然に抜ける。刀を全身で抜いているのであり、「右手で抜く」という感覚はほとんど生じない。抜いたばかりの刀は**柄頭**《つかがしら》（柄の先端）を前にして動いているが、まだかなり曲がっている肘を一杯に伸ばしながら手首を尺屈する（小指側に曲げる）と、切っ先が水平な円弧を描いて相手をなぎ払う。

抜いた時点で刀はすでに十分な運動エネルギーを持っており、右腕の動きにより、運動の向きを変えながら切っ先がさらに加速する。最初の構えからここまで、右手はほとんど一直線つまり最短距離を動き、余分な運動エネルギーを必要としない。エネルギー的にも効率のよいところが、すばやい動きの秘密でもある。

突進して斬りかかってくる相手に対しては、左足を大きく引いて後退しながら抜き、こちらから前進するときは、右足を踏み出す。どちらの場合も、最終の姿勢で体幹は完全な半身（左横を向く）になる。

今の説明は、刀を横に払う場合だったが、下から斬り上げたり、左斜め上から斬り下ろすときも基本的な動きは同じである。どの場合も、体幹に対して右手の動きが小さく、抜く動きが見えにくい。

敵が刀を抜かせまいと柄頭を押さえてきたときも、左足を引きながらの体さばきで、刀を動かさずに抜くことができる。このとき抜いたばかりの刀（刃は上を向く）は静止しているので（運動エネルギーはゼロ）、その後、右手だけで刀を急加速することは難しい。一度刃を下向きにすることも兼ねて右手を返し（前腕の回内、上腕の内旋をともなう）、右手首付近を中心に切っ先が下に落ちるように回転する勢い、つまり重力の位置エネルギーを利用してそのまま内股を斬り上げる。この右腕で斬り上げる動きにも、体幹がエネルギーを供給している。あるいは、日本刀が片刃であることを利用し、左手を**峰**《みね》（刃の反対側、**棟**《むね》とも言う）に添え、引いた左足を再び前に移しながら同じような動きで斬り上げることもできる。

目の前にいる相手が突然刀を抜こうとしたとき、自分の刀の柄頭で相手の刀の鍔《つば》などを押さえて抜かせず、自分だけ先に抜くことも同様の動きで実現できる。

動きの原理は同じだが、最初に構えるとき刀の柄を左肩付近に持ってくることもある。刀は鞘ごと大きく上に移動しほぼ垂直に立っている。次に、左足を後ろに引いて身を沈めると同時に、胸を張りながら鞘を腰まで引き、右腕を上へ伸ばすと、抜いた刀が自分のほぼ真後ろで相手から見えなくなる。右腕自体の動きが小さく、いつ抜いたかわからないことは同じである。そのまま振り下ろして攻撃することもできる。

パンチを受け止める腹直筋

四種類の腹筋が体幹を変形させる機能については図5－1に示したが、これらの筋肉には別の役割もある。

腹部を打つ**ボディブロー**は、体表面に垂直に中心軸を狙うことが基本である。しかし、みぞおちを打つとき、打ち上げるほうが効果的といわれる。ボディに垂直に（まっすぐに）打ち込むのとどこが違うのだろうか。その力学的理由を説明しよう。

腹部の正面を打たれたとき、支柱間にケーブルを張ったガードレール（ガードケーブル）がその張力で自動車を受け止めるように、下部肋骨前面と骨盤の**恥骨**《ちこつ》をつなぐ腹直筋の収縮力がパンチの衝撃力を受け止める。

一流選手のパンチで、上肢の持つ運動エネルギーは百数十ジュールである（一キロの物体を十数メートル持ち上げる仕事＝エネルギーと同じ）。腹直筋がパンチの衝撃力で無理に引き伸ばされるとき、伸張性収縮として大きな収縮力が出る。とくに鍛え上げていない成人男性でも、腹直筋の収縮力は三〇〇kgw程度はあると考えられる。その収縮力をもつ腹直筋で運動エネルギー一五〇ジュールのパンチを受けたとすると、わずか五センチ伸びるだけですべてのエネルギーを仕事として吸収できる。これをもとに計算すると次のようになる。

最初の腹直筋の長さが四〇センチ（腰椎伸展時＝腹部を伸ばしたとき）の場合と、三〇センチ（腰椎屈曲時＝腹部を丸めたとき）の場合を考える。腹直筋が五センチ伸びると、腹部の中央Cはそれぞれ一〇・三センチ、九・〇センチへこんでC′に移動する（図５－５）。腹部を丸めたほうがへこみが小さく、パンチに耐えやすいわけである。実際には、腹部を丸めると腹直筋に力が入りやすいので、さらに効果的である。

なおこの例で、収縮力三〇〇kgwの腹直筋が五センチ伸びた時点でパンチを受け止める力は、それぞれ二七五kgwと三〇九kgwである。やはり、腹部を丸めたほうが大きな衝撃力に耐えられる。念のため付け加えると、同じパンチでも当たる的の固さ（変形の程度）によって各瞬間の衝撃力が大きく異なる。「この選手の衝撃力は〇〇キロ（kgw）」という数字は、測定に用いた決まった固さの（普通は腹部より固い）的を打ったときの瞬間的な最大値である。こうして測

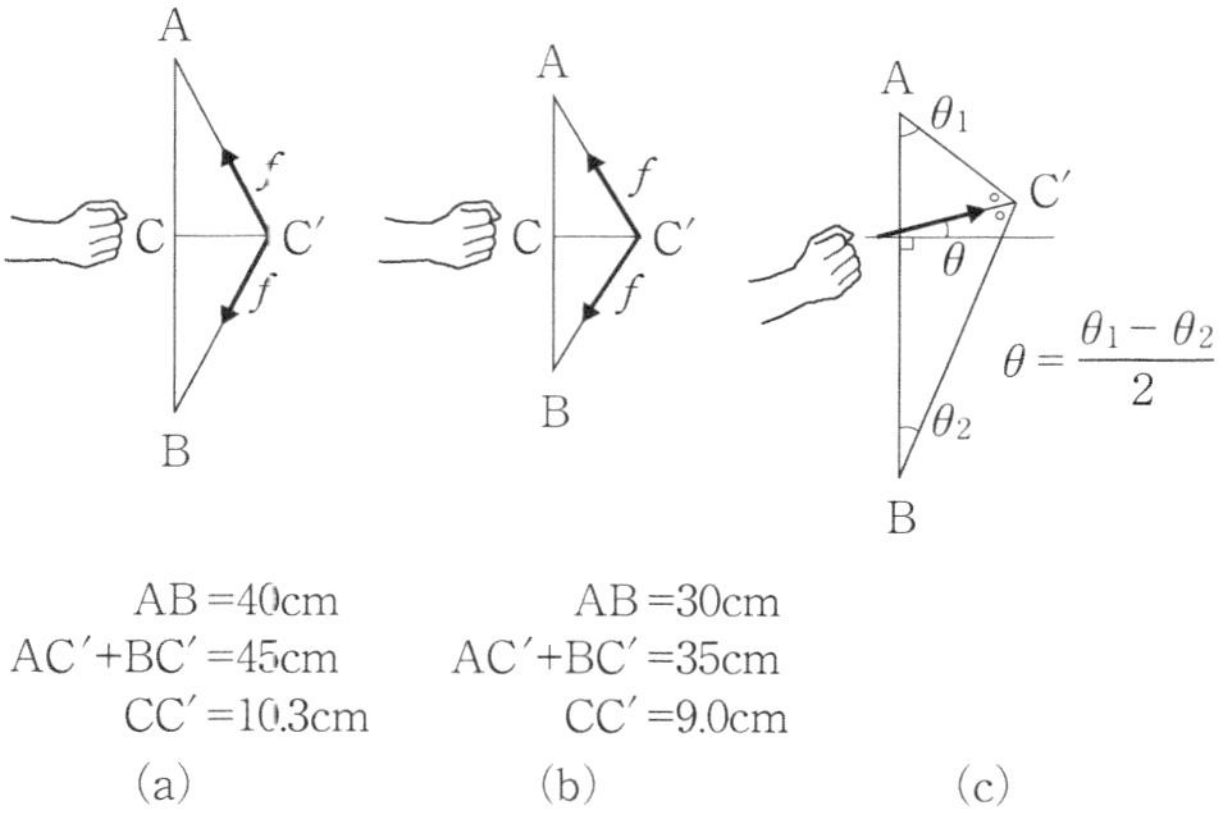

腹直筋の伸びでパンチの運動エネルギーを吸収する（fは収縮力）
（a）腹部を伸ばしたとき　（b）腹部を丸めたとき
（c）上腹部に図の矢印の角度に突き上げる

図5−5　腹直筋の伸びでパンチの運動エネルギーを吸収する

定した瞬間的な最大値が二七五kgwあるいは三〇九kgwを大きく超えるパンチでも、腹直筋はもっと小さな力でへこみながら柔らかく受け止めることができる。

パンチの運動エネルギーを腹直筋の伸張性収縮で受け止める、という原理を攻撃側から見ると、腹直筋がなるべく伸びない向きに突けばよいことになる。途中の計算を省いて結果を書くと、図5−5aとbのように腹部の中央を突くときは常識通りまっすぐでよく、図5−5cのように上腹部を突くときは矢印の角度で突き上げるとよい。ただし、腹部がめり込むにつれて角度が変わるので、最初はまっすぐ、めり込むにつれて角度を上向きに変えるのが理想である。

ボクシングではベルトラインより下を打つローブローが禁止されているが、へそより下を突き蹴りするときは、同じ原理で下向きに力を加えるのが効果的である。

腹直筋を避けて腹部の側面寄りを打たれたときは、外腹斜筋と内腹斜筋の伸張性収縮がエネルギーを吸収してくれる。構造が複雑なので腹直筋のようには簡単に計算できないが、やはり、打たれる側の腹部を丸めるほうが耐えやすい。逆に攻撃する際も、中央はまっすぐ、上部と下部はそれぞれ上向きと下向きに打つのが効果的と考えられる。

意外に働き者の腹横筋

腹部のもっとも深層を幅の広い帯状に覆う、腹横筋と呼ばれる筋肉がある。その存在を知る人は多くないだろうが、意外に重要な筋肉である。腹横筋が収縮すると、帯を締めたように腹部が引っ込み、腹圧が高まる。たとえば「イチッ、ニッ、サンッ」と大きく鋭く声を出すと腹部が引っ込むが、腹横筋が腹圧を高め、声を出すのに必要な呼気の圧力を生んでいるのである。

腹部の「底」つまり骨盤の下部には**骨盤底筋群**があって、腹圧を保っている。また、腹部の上の「ふた」は、腹部と胸部の境を作るドーム形をした**横隔膜**（大部分が筋肉）である。横隔膜が短縮して平たくなると、胸郭の体積が増えて息が吸い込まれる。そして、その分だけ腹部が膨らむ（**腹式呼吸**）。腹部を膨らませながら息を吐く呼吸法もあるが、どの場合も横隔膜の短縮と吸気、伸張と呼気が対応している。腹横筋の収縮で高まった腹圧を上から押すように保つのも、横隔膜の収縮力である。

腹横筋は単に腹圧を高めるだけに見えるが、この腹圧には次のような重要な働きがある。

①腹圧によって腹部に加わる外力に対抗できる。

②腹部全体が高圧の空気を入れた風船のように硬くなり、体幹に伝わる四肢の力を確実に受け止めることができる。

③腰椎を屈曲させる力に対抗して、腰椎の負担を軽くする。

の三つである。

①の力は意外に大きい。腹部に外力が加わると誰でも無意識に息を詰めて腹圧を高めるが、仰向けの姿勢で、腹横筋の収縮によりたとえば〇・二気圧の腹圧をかけると、体重八〇キロの人を乗せても支えられる。実際には、前項で見た腹直筋の収縮力もあるので、もっと大きな力に耐えることが可能だ。

プロボクサーや空手家の話では、腹部を打たれる瞬間、腹圧を高めることに変わりはないが、息を詰めっぱなしにするより、わずかに息を漏らしたほうがクッションになって打たれ強くなるという。古流の空手家のボディを突かせてもらったが、しぼんでいく風船のように手応えがなかった。

②に関しては、日本武術では強力な技を出すときによく**気合い**をかけるし、中国拳法では鼻から一瞬強く息を漏らしながら拳を突き出すことがある。気合いや強く息を漏らすことで、腹横筋を早めに力強く収縮させて体幹を固め、繰り出す技のエネルギーロスを防ぐ意味もあると考えられる。

③は②とも関連する。ウェイトリフティングでは床からバーベルを持ち上げるとき、腰椎を屈曲させる大きな外力が加わり、それに対抗する腰の筋肉に大きな負担がかかる。選手は専用の太いベルトを強く締めるが、腹横筋の収縮力を高めたのと同じで腹圧を高めやすい。こうして息を詰めると、腹部が高圧の風船のようになって腰椎が屈曲しにくくなり、腰の筋肉の負担が軽くなる。

一般に、重い物を持ち上げるとき、無意識に息を詰め、腰の負担を軽くしている。ただし、あまり長い間息を詰めると、心臓の動きを制限して血流が悪くなり、立ちくらみなどが起こる。武術では、力を入れる一瞬だけ息を詰める。技を出すのに合わせて、②で述べたように気合いをかけたり強く息を漏らすのも、息を詰めるのと同様、腹圧を高める効果がある。ただし武術では、大きな力を出そうとして長い間息を詰めるのは、相手の変化に対応できなくなるので禁物である。

第6章 達人の身のこなし——武術特有の歩法

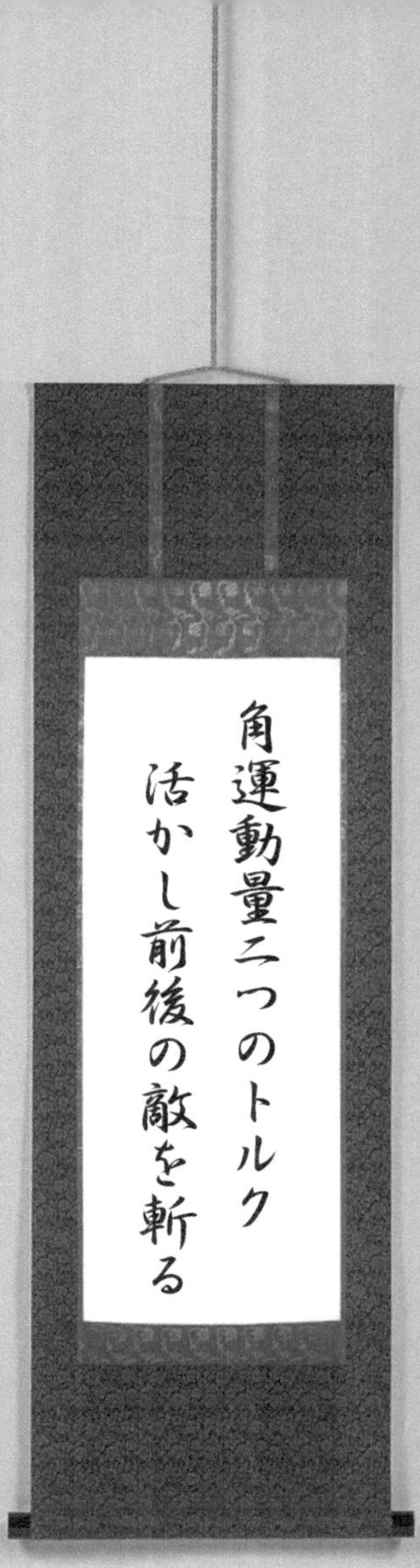

全身の動きを決める足

歩法つまりフットワークは、スポーツ的格闘技・武術のどちらでも基本的な重要事項である。

武術の歩法は、鎧武者《よろいむしゃ》が刀を構えたときのように、両足の裏を地面に付け、歩幅を広く、腰を落とした構えから動き出すことが多い。この構えは一見、鎧や刀の重さに耐えるためで、スピードを犠牲にしている、と思いがちだが、とんでもない誤解である。重い鎧兜を着て腰を落としたら、かえって膝の負担が大きくなる。真の理由は、この構えからの歩法が、足で地面や床を蹴ろうという意識がないのに、瞬間的に強い推進力で急加速できることである。

下肢は上肢に比べ約三倍の筋肉量を持ち、それに比例した大きな力とパワーを発揮する。その力とパワーによって、体幹とそれにつながる頭部と上肢の重量を支え、全身を移動させる。重力の利用はもちろん、下肢を動かしたとき床から足の裏に戻ってくる反作用としての力を、いかに巧みに体幹や上肢に伝え、また全身の移動や回転に役立てるかが、武術の要《かなめ》である。

足は足関節で下腿（脛《すね》）とつながっている（図1―1参照）。下腿は前腕と同じく二本の骨で構成されている。内側にある太い**脛骨**《けいこつ》と、外側にある細い**腓骨**《ひこつ》である。体重を支えるのは脛骨であり、この脛骨を通して足関節に体重がかかる。ローキックでバットをへし折り、ミドルキックをボディに食い込ませるとき、この丈夫な脛骨を当てる。

鍛えた足の指の強さを示す良い例として、沖縄空手の上地流《うえち》では、足の指をそろえたつま先で蹴る。蹴りの衝撃力が同程度なら、足の甲（**背足**《はいそく》）や足指を反らしたつま先（**前足底**《ぜんそくてい》または**上足底**《じょうそくてい》）で蹴るより、的との接触面積が小さいぶん、それに反比例してはるかに高い圧力が生じる。ボディにも、突き刺さるように深く食い込むだろう。

少林寺拳法の**逆技**（相手の関節を攻める技）では、相手の全体重が片足の小指にかかるように誘導することも多い。第二〜四指の助けがなければ、小指だけでは体重を支えて踏ん張ることができず、重心（の水平面内の位置）が足の裏の面から出て倒れてしまう、というわけだ。

一般に中国拳法では、足の親指と小指側と踵の三点を意識して立つことを心がける。親指は先端から付け根（**母指球**《ぼしきゅう》）までを使い、力強く体重を支えられる。足の裏を平面として捉えず、この三点を意識することで足指の動きに違いが出て、安定性はもちろん、膝の可動域にもかなりの差が生まれる。

足の裏をべったり床に付けたままでも、膝を前後左右に動かすことができる。足関節はじつは二つの関節でできているからだ。膝の位置を自由に変えながら、さらに膝関節と股関節を柔らかく使うことにより、両足の位置を変えないまま上体を移動させたり、ひねったりできる。太極拳の熟練者と組み合うと、こちらが全力で押そうとしても、この柔らかい動きによって「のれんに腕押し」のように手応えがなく、逆にバランスを崩されてしまう。

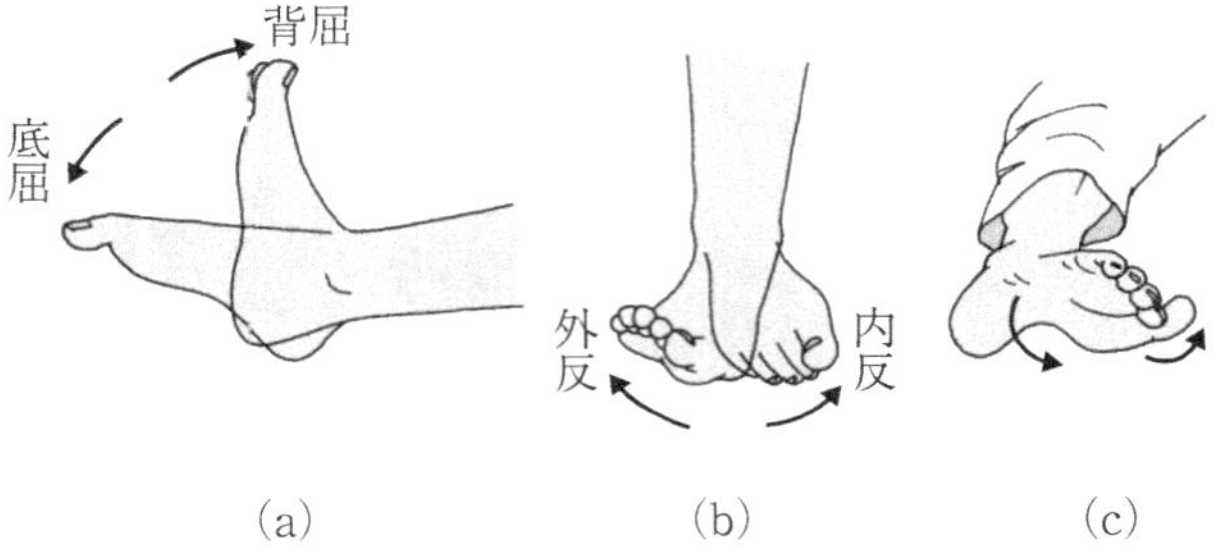

**図6-1　足関節の可動範囲と動きの名称（a，b）
熟練者が足刀で蹴る際の足指の形（c）**

足の指を動かす大きな筋肉は、足首（足関節）をも動かす二関節筋および多関節筋であり、足の指の動きがそのまま足首の動き、つまり膝の可動域に影響する。

足の指の動きがどのように筋肉と連動するか、足を横に突き出して踵に近い小指側（**足刀**《そくとう》）で蹴る横蹴りの足の指の形を例にあげて見てみよう（図6－1）。

熟練者は親指を大きく反らし（伸展）、他の指を曲げることが多い。横蹴りの足は目標に当たる瞬間、蹴り脚の勢い（跳び横蹴りなら全身の勢い）を伝えるため、足関節を一杯に**内反**（内股方向への回転）かつ**背屈**（足の甲側に曲げる）させた形をぐらつかないよう保つことが必要である。背屈だけで内反しないと足の裏全体が当たり、圧力を集中することができない。

足を内反させる筋肉の一部（長指屈筋）は、親指以外の四本の指を曲げる働きをする。ところが、この筋肉は同時に背屈とは逆に足を**底屈**（足首を伸ばす）させる働きもする。そこで、親指を立てる筋肉（長母指伸筋）を収縮させることで強い内反を生じさせ、底屈の力を打ち消す。親指を反らし、他の四本の指を曲げるのは、内反かつ背屈した強固な足刀を生み出すためなのだ。熟練者の何気ない足指の形にも、深い意味があることを示す一例である。

下肢の各関節の負担するトルク

左右対称の姿勢で静かに立ったとき、下肢の三つの関節（股・膝・足首）が負担すべき伸展（底屈）のトルクを見てみよう。図6－2は、やや前屈みになった姿勢である。両手にダンベルを持ったり、バーベルを肩に担いだりしたときも原理は同様だ。図に示したトルクは、左右を合わせたぶんである。

この前屈みの姿勢では、上半身の重心G_uが全体の重心Gより前にある。脚を動かさず上半身だけの動きでG_uの位置を変えると、Gの位置も自動的に変わる。どんな姿勢であれ、重心Gが足の裏の上になければ倒れてしまう。

上の関節から順に見ていくと、上半身の重心G_uが股関節Hより前に出るほど、負担すべきトルクN_Hが大きくなる。この姿勢で頭の上にのしかかられたら、上半身の重さw_uも図の長さl_uも増えた（G_uが前に出る）のと同じで、トルクの負担が非常に大きくなる。逆に、上体をまっすぐ立てれば、脚の形とは無関係に股関節Hのトルクの負担はゼロになる。

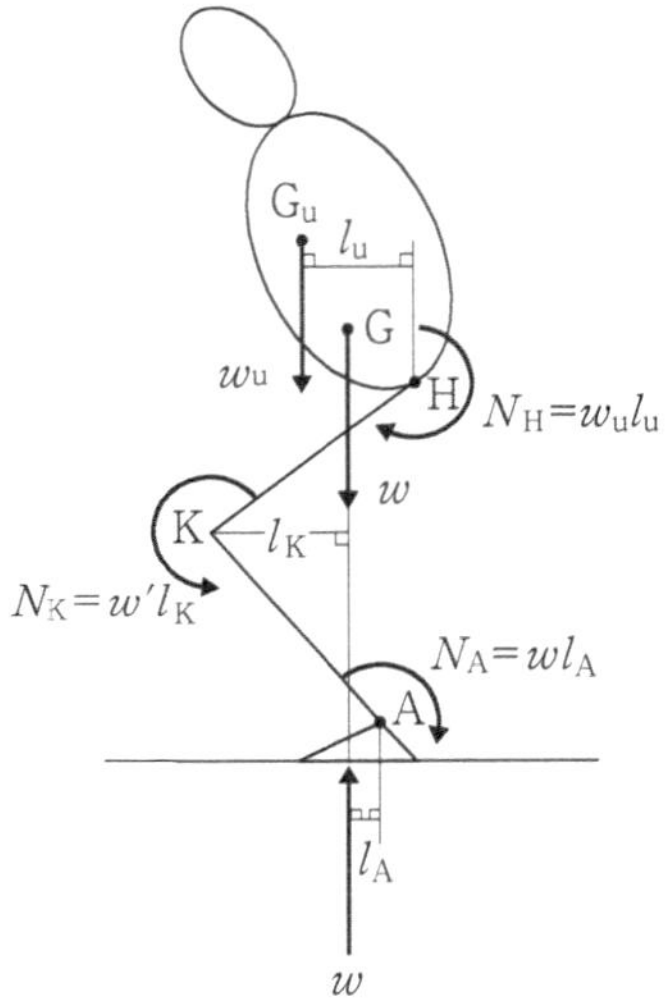

股関節（H)、膝関節（K)、足関節(A)の負担するトルクは姿勢により大きく変わる。
G：全体の重心、w：全体重
G_u：上半身の重心、w_u：上半身の重さ
w'：全体重から下腿と足の重さを引いたもの

図6-2　下肢の各関節が負担するトルク

この図のように膝関節Kを深く曲げると、負担すべき膝のトルクN_Kが増える。しかし、上体をさらに前に倒して重心Gを膝の真上に近づけると（ただしつま先よりは後ろ）、距離l_Kが小さくなり、トルクの負担も軽くなる。膝のトルクは膝の角度だけでは決まらないのだ。膝のトルクを決めるw'は、膝より上の部分の重さである。なお、膝のトルクの図と式でもっとも厳密には、重心Gでなく、膝より上の部分の重心を考えるべきだが、小さな違いでしかないので説明を簡単にするため省略した。

足関節AのトルクN_Aは、全体の重心位置Gで決まる。足の裏の各部分に力が作用するが、それをまとめた合力の作用点が、重心Gの真下に来なければならない。たとえば、この図で無理につま先を上げて踵で立つと、前に倒れてしまう。実際、前に動き出したいとき、人は無意識につま先を上げて力学上の前傾姿勢を作っている。

床を蹴るな——腰を水平に進める武術の歩法

まず普通の歩き方を見てみよう。歩くとは、両足が接地して重心がもっとも下がった状態から、前に出した左足の上に全身を乗せ（重心上昇）、さらに前に倒れ込みながら（重心下降）右足を前に振り出すことの繰り返し、つまり卵が縦に転がるような動きである。

図6-3は、前へ進もうとするAをしゃがんだBが引っ張って押さえている状態である。Aが

足を前後に大きく開き（左足が前）、右手で後方へ伸ばした木刀を、しゃがんだBが両手でしっかりつかむ。

Aが普通の人なら、この体勢から前に歩くことは不可能だ。なぜなら、Aは両足を広く開いたため低くなった重心を、前の左足の上に乗せようとするが、そのためには重心を大きく上昇させなければならない。あたかも、きつい上り坂で後ろからBに引っ張られた状況となるからである。これを打開するには、一度後ろ足を曲げて体重を乗せ、力を溜めてから床を蹴ればよいが、Bが動きを察知して体勢を整えてしまえばそれも効かない。

しかし武術家なら、瞬時にBが前のめりに倒れるほどの推進力で、容易に歩き出すことができる。武術家の歩法は、普通の歩き方とはまるで違うからだ。

まず、前に出た左足の上に全身を乗せることをやめ、逆に左足を抜重《ばつじゅう》（身体の重みを受け止めることなく完全に脱力すること。序章参照）して支えをなくす。もちろん、後ろの右脚に力を溜めることもしない。そして、抜重と同時にただ腰を水平に進めることだけを意識する。

左足を抜重した瞬間のAにかかる力は図6－3下段のようになる。長さaとbが同程度なら、BがAの前進を止めるために木刀を引くべき力Fは、Aの体重wと同程度になる。Aが前の左足を抜重した瞬間、作用反作用の法則により、木刀を握るBの手には、図の斜め右上の向きにFと同じ大きさの力がかかる。何の前触れもなくいきなり大きな力がかかることに加え、斜め上に引

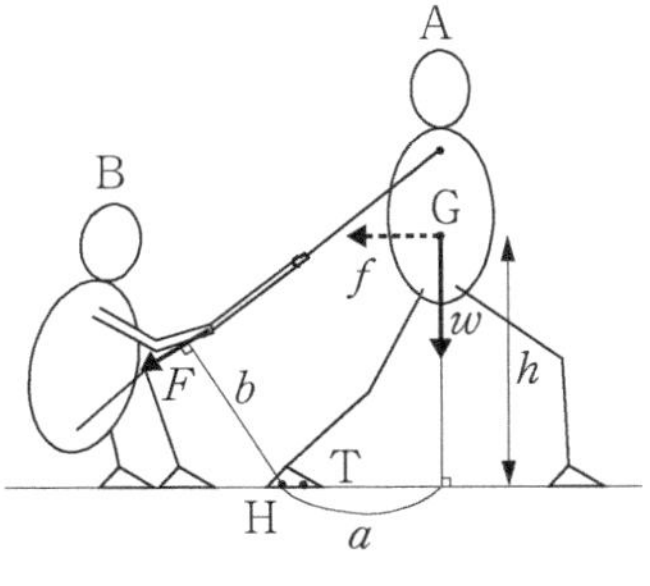

後ろの右足の踵Hのまわりのトルクの釣り合い

w＝Aの体重

F＝Bが木刀を引く力

$$wa=Fb$$

$$\therefore F=\frac{a}{b}w$$

一人で前へ水平に加速するときの推進力fは

$$f=\frac{a}{h}w$$

Aが前足を抜重し、後ろ足の踵Hだけで接地すると、Bが木刀を引くべき力FはAの体重wと同程度になる。

図6-3　しゃがんだ相手に引っ張られると普通は動けないが……

っ張られて体が浮き上がり気味になるため、Bは耐えられず前に倒れるか引きずられてしまう。ただし、Aが足首のバネを利用しようとして踵を浮かせると、図の点Hが右のつま先Tに移動したのと同じで、長さaが短くなり、その分だけ力Fが小さくなる。さらに、足首のバネがクッションのように働き、力が瞬間的には大きくならないので、Bが体勢を立て直す可能性も高い。

この技を成功させるコツとして、

①重心G、右腕と木刀、踵Hがなるべく一平面内にくるよう姿勢を作る。

②踵Hから体を伝わってくる力を、遊びなく瞬時に手から木刀へ伝えること。

がポイントである。

条件①が満たされないと、抜重した瞬間、Bが木刀を引く力に、体に対して左右方向の成分が生じて、体が横に傾いたり回転したりしてしまう。条件②が満たされず、たとえば腰の構えがいい加減だったり右肩が緩むなどすると、力の増加が緩やかになって相手に対応されてしまう。Bから木刀を通して受ける力が変化しても、必要な筋肉だけを使い、無駄な力を抜いてこの姿勢を保ち、力を瞬間的に伝えることに集中する。これに熟練すると、主観的には「丹田に意識が集中する」感覚や、「身体に強固な**体軸**（または中心軸、正中線）を保つ」感覚が生まれる。「腰を水平に進める」というのも、よく似た感覚である。

これらの感覚を会得すると、蹴ろうとする意識なく、瞬間的に大きな力で床を蹴ることができる。武術家は「床を蹴るな」と教えるが、そこにはこうした意味がこめられている。

瞬時に前進する技

突然、（自分の）正面にいる相手から突き飛ばされたとしよう。必死で後ろへ足を運ぶものの間に合わず、後ろ向きに加速して走りながら結局しりもちをついて倒れてしまうことがある。後ろに出した足の踵Hより重心Gが後ろにあれば、どんなに踏ん張っても必ず後ろに倒れてしまう（図6－4a）。

そこで武術の歩法では、踏ん張った後ろ足を瞬間的に抜重して、前足で体重を支え、その間に後ろ足を重心よりさらに後方へ瞬時にずらす（図6－4b）。ずらした後ろ足に再び体重をかけ、前足を抜重すると、図6－3と同じ原理で強力な前進力が生じる（図6－4c）。つまり、後傾姿勢を瞬時に力学的な前傾姿勢に変えたわけである。

この技をマスターするには、片足を瞬時に抜重し、かつもう一方の足で体重を支えるという、切り替えの技術が必要である。**総合格闘技**の選手などは、その場ですばやいステップを踏み、どちらかの足が着地した瞬間にその足と逆の側に急移動する練習をする。武術では、両足の裏全体を床に着けていても、脚全体で見えないステップを非常にすばやく踏むことができる（表面的な動きはないが、一方の足に全体重をかけると同時に、もう一方の足を抜重することを繰り返

図6−4　後ろへよろめいた状態から急前進する方法
(a) 重心が後ろ足の踵より後方にあれば、踏ん張っても倒れる。
(b) 後ろ足を抜重して前足で支え、すばやく後ろ足を重心より後方へ踏み出す。
(c) 前足を抜重して後ろ足で体重を支えると急前進できる。

す)。この見えないステップを踏めるよう練習したうえで、どちらかの足に全体重をかけると同時にもう一方の足を抜重すれば、足首のバネを使わないぶんだけすばやく急加速できる。

図6－4の一連の動作で、後ろへずらすために左足は抜重し、直後に再び力強く踏ん張っている。このように、一度脱力した直後の筋肉に力を入れると、無意識に大きな力が出る。

この急加速する歩法を身につけると、投げ技にも応用できる。

たとえば柔道の大外刈りは、普通、相手の(向かって)左横に左足を置いて踏ん張り、右足を後ろへ刈って相手をなぎ倒す。相手と組み合って、足の位置が大外刈りに近い体勢（左足が大外刈りの位置よりもう少し手前）になったとき、後ろの左足を抜重、前の右足に体重をかけると、自分の重心が後方へ急加速する。そのまま自分が後ろへ歩くように右脚で刈ると、重心移動の勢いがかかるため、強力に刈ることができる。

私は、長年の筋トレで筋力をつけた柔道三段にこの技を試したところ、「体格や年齢からは想像もつかない強さで、根こそぎ刈られた」との感想だった。おそらく、予備動作もなく急に刈られたため、抵抗することができず、余計に「強い」と感じたのだろう。

Ｋ－１で活躍するタイのブアカーオ選手は、スリムな体つきからは想像できないほどの力強さで、クリンチになった相手をいとも簡単に投げ倒してしまう。首をつかんでの連続膝蹴りが許されるムエタイで鍛えたテクニックだが、両足を同時に抜重して相手に全体重をかけたり、前述の片足だけ抜重したりすることで強い推進力を生む原理を利用し、相手を崩している。

腰を落とすと振り向きやすい理由

武術家の構えは、一見棒立ちに見えたとしても、必ず膝に緩みを持たせている。直立すると、立った姿勢を安定させるための関節の構造上、膝が固定（ロック）される。この状態は、筋肉に力を入れずに立てる利点があるが、膝関節が限度まで伸展した状態でもあるため、筋肉を使ったひねりの機能が使えない。そこで武術家は、膝のロックを解除しておく。膝を緩ませると自然に腰が落ちるが、この体勢の長所について考えてみよう。

大腿前面にあり膝を伸ばす強力な筋肉群が大腿四頭筋で、このうち大腿直筋が股関節屈曲の機能をも持つ。大腿後面で、この大腿四頭筋と逆の働き（膝関節屈曲と股関節伸展）をする拮抗《きっこう》筋が、ハムストリングである。

ハムストリングは大腿二頭筋（長頭と短頭がある）・半腱様筋・半膜様筋の総称で（図1－1参照）、図6－2のような前屈みの姿勢を保つときに働き、股関節伸展のトルクを出している。ただし、ハムストリングの収縮力は同時に膝関節屈曲のトルクも出すので、膝が曲がってしまう。それを打ち消してさらに膝伸展のトルクを維持するため、大腿四頭筋が強く収縮する。

このハムストリングが、体の向きを変える動作を担っている。急に振り向くときなど膝の回旋が必要なとき、ほとんどの人が無意識に腰を落として膝を曲げる。もちろん、そのほうが回旋のトルクが出やすいからだが、これにはハムストリングが骨に付着する位置と関係がある。

ハムストリングはすべて骨盤下部から始まっているが、大腿二頭筋は脛骨の外側（と腓骨）に付着して外旋、半腱様筋と半膜様筋は脛骨の内側に付着して内旋する機能を持つ。

大腿二頭筋のほうに注目しよう。図6－5のように、大腿二頭筋が同じ力Fで収縮し、付着点Pを引っ張ったとしよう。左側の直立姿勢では、収縮力が脛骨の長さ方向にほぼ平行なので、長軸まわりのひねりに役立つ力の成分はf_1と小さく、トルクはほとんどない。しかし右側のように

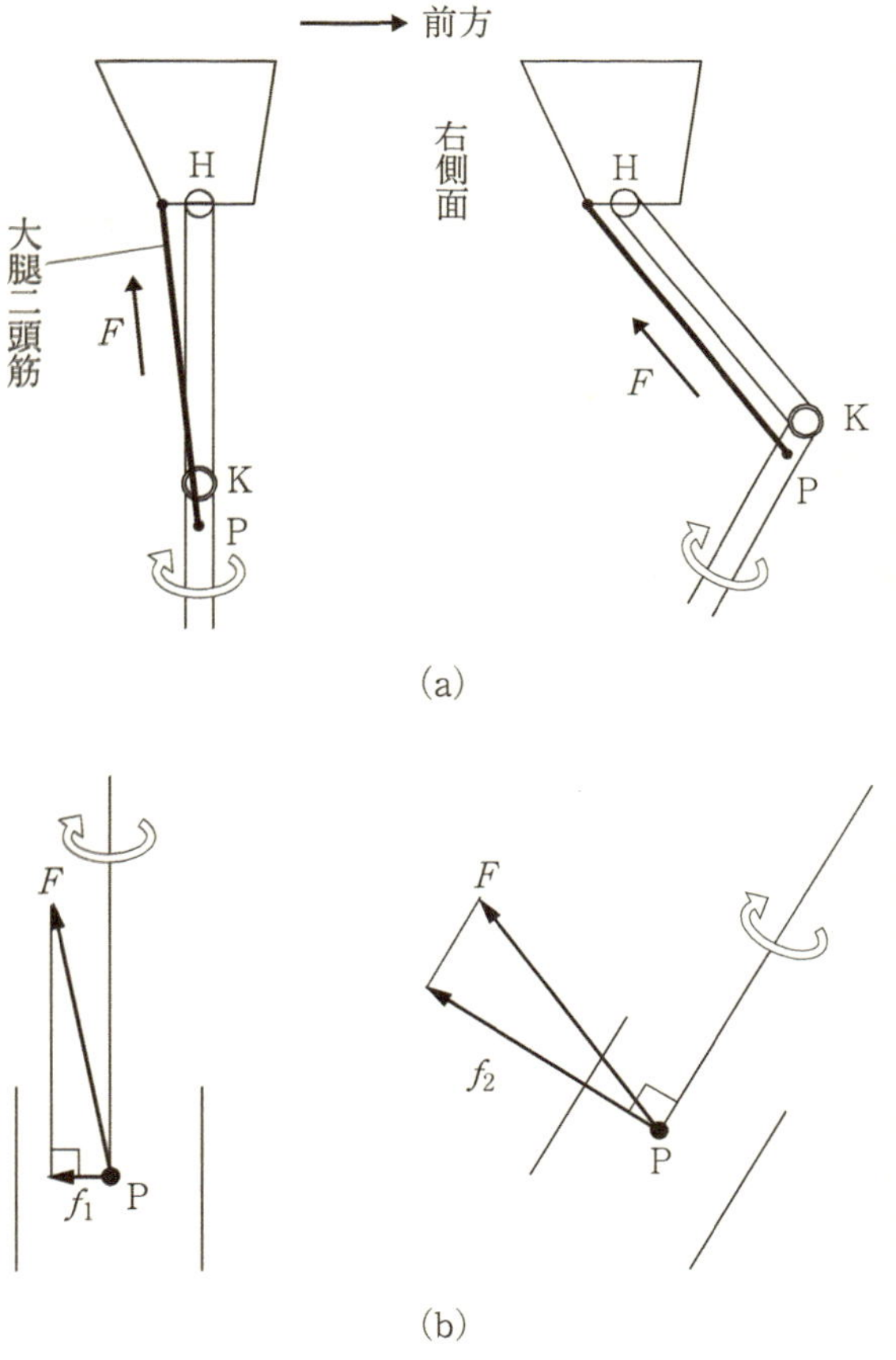

図６−５　脚が外旋する仕組み
(a) 直立した状態（左）よりも、腰を落としたほう（右）が、大腿二頭筋による外旋のトルクが大きい。
(b) 筋肉の付着点Pにおける力の成分

腰を落とし、股関節Hと膝関節Kを曲げると、脛骨に対する収縮力の向きが変わって、大きな成分f_2によって、大きな外旋のトルクが発生する。

気づいた読者もいるだろうが、大腿二頭筋のうち大腿骨から始まる短頭（二頭筋のうち短いほう）は、純粋に膝関節だけの屈曲・外旋の機能を持つ。しかし、股関節を跳び越えて骨盤から始まり、股関節屈曲をも受け持つ長頭は、膝関節と股関節を同時に外旋するトルクも出しているのである。

半腱様筋と半膜様筋についても、同じ理由で腰を落としたほうが膝関節（と股関節）内旋のトルクが大きくなる。武術の達人たちはやや腰を落とした姿勢で、くるくると回りながら体さばきをするが、回旋のトルクの大きい関節角度を選んでいるのである。

金的蹴りを防ぐ内転筋

ほとんどのスポーツ格闘技では、**金的**への攻撃は反則である。**インロー**（内股へのローキック）が誤って金的に当たると、K－1などではファウルカップを付けてはいても相当のダメージを受けるため、試合が中断あるいは中止になる。武術にはそもそも反則がないので、金的攻撃に対する防御は最重要事項である。

ある武術家から金的を蹴ってみろと言われ全力で蹴り上げたが、蹴り足が内股の筋肉で挟まれるようにぶつかり、まったく効果がなかった。この人が両足を閉じて内股に紙を挟むと、引っ張っても紙が破れるだけで抜き取れなかった。

古流の空手には三戦立ち《さんちん》といって、やや前後に開いた両足のつま先を内側に向け（内旋）、両股を内側へ強く締め付ける（内転）立ち方がある。熟練者では、両足の間の畳にシワができて盛り上がるという。金的防御を念頭に置いた立ち方であるが、目的はそれだけではない。

骨盤と股関節でつながる大腿骨は、上部で外側へ折れ曲がった複雑な形をしている（図１－１参照）。大腿骨の折れ曲がり構造によって生じた大腿内側の大きな空間を、内転筋群が埋めている。その名の通り、どの筋肉も股関節内転の機能を持つ。内転筋群を強く収縮させると、股関節の内転だけでなく屈曲や外旋も生じる。また、内旋の機能を持つ半腱様筋・半膜様筋によって、股関節伸展の力も生じる。

こうして三戦立ちでは、体を前進させる股関節伸展と後退させる屈曲の力が同時に発生し、前から押されれば伸展、引かれれば屈曲の力が自動的に作用して耐えられる、といわれている。おそらく、どちらの筋肉もある程度力の入った準備状態にあり、外力に対抗してすばやく抵抗する力を発揮するのであろう。

さて、前述の武術家は、次に股を大きく開いて無防備にし、再び蹴ってみろ、と言った。最初は手加減したが、平気な顔をしている。最後は全力で蹴ったが、まったく効かなかった。蹴り足の感触から、相手の金的が腹腔内に引き込まれていることが明らかにわかった。普通の人はほとんど意識すらしないが、**精巣挙筋**という意外に太い筋肉があり、それを使って自在に急所を引き上げていたようである。

全身の向きをすばやく変える

武術では、敵は前方にだけいるとは限らない。右足を前に構えた姿勢から、後ろの相手に向かって、足の着地位置を変えずに左回りに方向転換する場合を考えよう。必要なのは、足を通して地面から全身に作用する左回りのトルクである。図6-6のように、二種類のトルクがある。

一つめは、両足に働く力によるトルクである。左足と右足に大きさが同じで逆向きの一組の力Fが作用したとする。右足で地面を後ろへ、左足で前へ蹴ると、地面からの反作用の力は図のようになる（水平成分だけを考えている）。両方の力の作用線の距離をlとすると、左回りのトルク$N = F \times l$が生じる。両足に作用する力の大きさが異なったり、逆向きでないときは、トルク以外に両方の合力によって重心が加速される。もうひとつのトルクと区別するため、ここでは便宜上、**第一種のトルク**と呼ぶことにしよう。

なお、足で地面を前や後ろに蹴る力は、腰あるいは上体をひねろうとする意識から始まる脚全体の動きにより自然に出ていることが多い。ことさらに意識すると、かえってぎこちなくなって

図6-6　全身を左にひねったときに発生する二種類のトルク
脚の内旋・外旋により、逆回りのトルクN_LとN_Rを地面から受ける。

しまう。

二つめは、足の回旋によるトルク（**第二種のトルク**と呼ぶことにする）である。前の右足を（体幹に対して右回りに）外旋させると、その反作用として地面から受ける左回りのトルクN_Rが生じ、後ろの左足を（同じく右回りに）内旋させると、トルクN_Lが生じる。このトルクは、つま先と踵に地面から逆向きの力が作用することで生じる。したがって、踵を浮かしてつま先立ちになったり、つま先を浮かして踵だけ接地しても、その足からこの種のトルクはほとんど発生しない。足が内旋または外旋するという動きはあっても、トルクが発生しないことに注意しよう。

物体にトルクがかかると回転が始まるが、その「回りにくさ」を表す量を「**慣性モーメント**」という。物体に力が加わると加速するが、その質量（重さ）が「動きにくさ」を表すのと同じである。ただし、物体の質量は加速の向きに関係なく一定だが、慣性モーメントは回転軸の通る位置や方向によって変わる点が質量と異なる。

慣性モーメントは、物体のほとんどの部分が回転軸に近いとき小さく、回転軸から離れた部分が多ければ大きい。したがって、伸身の宙返りのように回転軸が重心を左右に貫く方向のとき慣性モーメントは大きくなる。それに比べ、フィギュアスケートの高速スピンのように直立姿勢で（重心を通る）回転軸が鉛直方向のときは、慣性モーメントは五分の一以下と小さくなる。図6－6は、鉛直軸まわりの慣性モーメントが小さく、全身をひねりやすい姿勢である。

この原理が、具体的に武術にどのように応用されているかを次に見てみよう。

達人の方向転換――前と後ろを一気に斬る

読者は、できれば実際に動作をして各関節、とくに股関節の動きを確かめていただきたい。

第一の例は、刀を水平に右から左へ振る水平斬りである。やや腰を落とし（股・膝関節の屈曲）、両足の裏は全面が接地している。腰が左に回ると、右股関節の伸展と左股関節の屈曲が生じるので、前述のようにあまり意識には上らないが、第一種のトルクが生まれる。膝を曲げると、ハムストリングによる回旋のトルク（第二種）が大きくなることはすでに述べた。同様に、股関節を曲げたほうが、殿部の筋群による第二種のトルクが大きくなることがわかっている。テニスのラケットも、脚を少し曲げた状態で振っているが、選手は経験的にこのことを知っているのである。

第二の例は、右足を前に半身に構えた姿勢から、すばやく振り返りながら左足を後ろへ大きく踏み出す場合である。最初はほとんど腰を落とさない棒立ちに近い体勢でもよい。左足が浮いているので、第一種のトルクは使えない。使えるのは、右脚外旋のトルクだけである。

かといって、けっして右脚をひねってはいけない。もちろん、先に述べた「床を蹴るな」と同じ意味である。意識的に右脚をひねろうとすると、右脚に体重をかけて足首をひねることになるが、これでは大腿二頭筋だけしか使えない。特定の動きを意識することで、他の筋肉の働き、たとえばすぐ後で説明する股関節外転の筋肉の働きを無意識に制限してしまうのである。

力まずにすばやく振り返るには、後ろの左足を瞬間的に抜重して浮かし、そのまま外旋しながら、つまり進行方向につま先を向けながら後ろへ踏み出す。左足の抜重で自然に体重のかかった右足のほうは、股関節を大きく外転すると同時に外旋しなければならない。体重のかかった右足は自然に屈曲し、外転を受け持つ殿部の筋群からも外旋のトルクが出しやすくなる。先に述べたように、直立姿勢は鉛直軸まわりの慣性モーメントが小さいので、このトルクだけでも簡単に振り向くことができる。

注意すべきは、振り向く途中で鉛直軸まわりの慣性モーメントをなるべく小さい値に保つことである。そのためには、上体が直立に近いほうがよい。さらに、最初に構えたとき、両手を軽く前へ伸ばしているとしよう。このままでは両手が回転軸から離れているので、慣性モーメントが大きくなり、回転の角速度が落ちてしまう。これを防ぐには、振り向く動作が始まると同時に両手を縮め、体の前面すれすれを通過させ、振り向いたときに再び伸びているように調整すればよい。また、最初から十分な半身に構えておけば、比較的小さな回転角で振り向くことができる。

こうして達人は、驚くほどすばやい方向転換をしているのである。

もう一つの例は、古流剣術の前後斬りである（図6－7）。これは右足を前に構え、前に向かって刀を上段から斬り下ろした動きの流れを止めずに、そのまま真後ろを振り向き、再び上段から斬り下ろす技である。普通なら、前を斬る・振り向く・刀を振り上げる・後ろを斬る、の四動作になるところを、連続的な一動作でやってしまう。

右足を前に半身に構えた姿勢から、刀を振り下ろす最初の動きを真上から見てみよう。刀（厳密には刀と両腕を合わせた重心）は体軸（身体重心を通る鉛直軸）を含む鉛直面内を動いていると見なせるので、体軸まわりの回転はない、つまり角運動量がゼロである。

さて、そのままでは振り下ろした両手が体にぶつかるか、あるいは刀で自分の脚を斬ってしまう。そこで斬り下ろす動作の後半、わずかに刀の軌道を変え、自分の前を通過するよう調整する。これを真上から見ると、刀が鉛直軸のまわりに左に回転し、左回りの角運動量を持つことになる。この軌道調整の過程で、まだ踵を接地している両足から無意識にトルク（第一種と第二種）を出している。そのトルクによって、刀が角運動量を持つのである。

振り下ろす動作が終わる頃から、振り向く動作が始まる。最初は、左足全体を床の上を滑らすように外旋させる（ほぼ前を向いていたつま先が後ろを向く）。この左足は、床の上を滑っているだけなので、ほとんどトルクが発生しない。一方、前に置いた右足は、全面を接地させたまま力強く外旋する。その第二種のトルクによって、体を左に回転させる。その回転をさらに強めるのが、刀（と両腕）の角運動量である。体の前面を通り過ぎようとする刀を止めると、その反作

(a) 上段に構え、前の敵を斬り下ろす。

(b) 二つのトルクで刀が自分の前を通るように調整する。左下図は真上から見た姿。

図6-7　古流剣術の「前後斬り」

(c) 右足外旋の第二種のトルクと刀の角運動量を利用して体を回転させる。

(d) 体の角運動量を再び刀に戻し、後ろの敵を斬る。

用で身体に角運動量が移り、全身が左回りにひねられる（角運動量保存則）。つまり斬り下ろした刀の鉛直軸まわりの回転の勢いをも巧みに利用して、すばやく振り返るのである。

この振り向く動作とほぼ同じタイミングで再び刀を振り上げるのだが、このとき、体が振り向く角運動量を再び刀に戻すことができる。この角運動量は、振り向き終わって刀を振り上げる頃、接地した両足から無意識に出るトルクによって打ち消されてゼロになる。なお、刀を振り下ろすのにつれて右足は踵を浮かし、第二種のトルクを発生することなく一八〇度内旋し、最初と反対方向を向く。こうして、体軸を含む面内にぶれることなく振り上げた刀を、まっすぐ振り下ろせばよいのである。

刀を操作する両腕の動きも重要だが、それよりも股・膝・足の三関節が力学的合理性にしたがい、タイミングよくそれぞれの機能を発揮して初めて可能になる技である。

第7章 奥義神秘を解明する

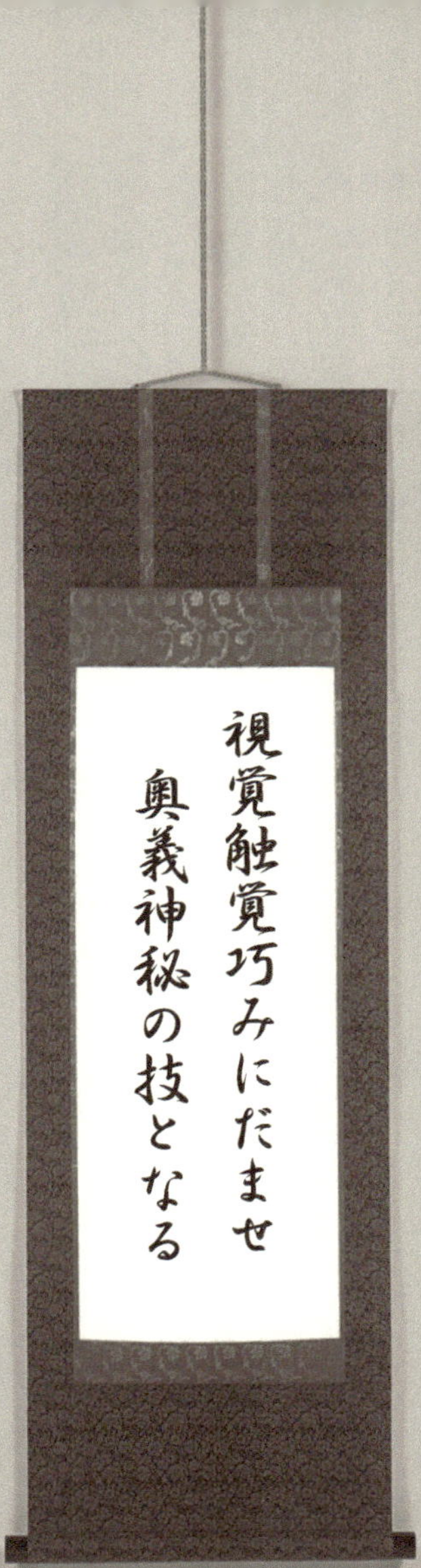

前章までは、人の身体構造に基づく力学的合理性によって、武術の技の神髄を解明してきた。この章では、その観点からだけではほとんど説明がつかず、「不思議」としか言えない技について解説する。

いざ敵と相まみえる状況になったとしよう。相手の動きは聴覚によってもある程度察知することができるが、もっとも重要なのは、離れたときの視覚情報と触れたときの触覚情報である。これらの情報により、相手の動きや加えてきた力を判断し、体勢を保ちながら対応することができる。逆に、これらの情報を攪乱《かくらん》されると、相手の「動きが消え」たり、わずかな力で体勢を崩されてしまう。とくに、触覚情報を操る系統の技を「**合気**」という。

合気上げ――押さえた手首がするすると上がってくる

まず、触覚情報の隙《すき》を突き、相手を力学的に不利な体勢に誘導する「**合気上げ**」から見ていこう（写真7－1）。

これは、正座して膝の上に置いた両手首を強く押さえられたとき、両手首を持ち上げながら相手の体勢を崩す技で、合気の基本である。正座ではなく、椅子に座った姿勢でもよい。

昔の武士は帯刀していたから、何はともあれ刀を抜かせないために両手首を押さえ、仲間がいれば後ろから攻撃させた。こうした状況でも、合気上げの熟練者は、押さえられた瞬間に手首を

(a)

(b)

(c)

写真7−1　押さえた手首がするすると上がる「合気上げ」
(a) 両手首を上から押さえられる。この体勢では持ち上がらない。
(b) 相手の力とこちらのテコの腕を小さくする。
(c) 腰背筋の力で持ち上げる。

図7−1 「合気上げ」のときに働く力
手首を押さえられた状態（a）から、テコの腕を短くする（b）。

上げながら相手を投げ倒したり、後ろの敵が攻撃できない位置関係に持ち込んだりすることができる。

図7−1aのように、体重をかけて大きな力Fで押さえつけてきた手首をまともに持ち上げるには、肩関節に大きな屈曲（上腕を前へ持ち上げる）のトルク$N=F\times L$が必要となるが、これは無理な相談である。

そこで、図7−1bのような体勢を取ることにより、

①相手の力Fを小さなfにする。
②テコの腕Lを短いlにする。
③大きな力を出しやすい体勢になる。

の三条件を満たす身体操作をする。

条件①と②により、肩関節屈曲に必要なトルクがずっと小さな$N'=f\times l$でよいことになる。この操作は、相手に触覚情報として与えない、つまり気づかせないように行うことが重要である。条件③は、相手の体格によって力fがかなり大きいときにも、負けずに持ち上げるためである。

相手が手首を押さえる位置や角度、あるいはこちらの力の出し方により、合気上げの技術は十数通り、細かく分ければその数倍もあるといわれている。ここでは日本伝合気柔術の岡本眞さんの基本とする方法を紹介しながら、この三つの条件を満たした具体的な技の流れを見ていこう。動きを分解すると、

第一段階：押さえられた手首の位置を変えずに、両肘を外へ張り出す。

第二段階：バレーボール大のボールを持つように、両手の平をほぼ向かい合わせにし、ボールを持ち上げるつもりで両手首の位置をそのままに橈屈させる（親指側へ曲げる）。このとき少しだが背屈もさせる（写真では野球ボール大のボールを持っているが原理は同じ）。

第三段階：両肘を両手首の位置に持って行くイメージで両手首を持ち上げる。

の三段階になる。

相手は、手の平全体、とくに手根部でこちらの手首を押さえているが、第一段階の両肘を張ることで、人差し指の付け根に力が集中する。相手は全力で押さえているつもりだが、じつはこの部分に大きな圧力を感じているだけで、手の平全体の力は小さくなっている。

ここで意識的に肘を張ると気づかれてしまうので、気づかれない方法として、次の第二、第三段階にも共通するが、肩と手首の距離を近づける。肩甲骨を下げ、骨盤も後傾させながら、腰椎を引くように体幹を屈曲させると、肩の位置が下がるとともに、自然に肘が柔らかく張り出され

る。

続く第二段階の両手首の橈屈により、相手の手首が尺屈する（小指側に曲がる）。このときもさらに体幹を屈曲させると、自分の手首を支点に肘が下がったぶんだけ、押さえられた手首に近い手の甲が持ち上がり、結果として橈屈による効果が大きくなる。

こうして、最初は手根部で下向きに押さえていた相手の手の平は、親指側が上の横向きに近くなり、小指の付け根にも力が集中する。結局、手の平全体で押しているつもりが、人差し指と小指の付け根だけで押す形になり、ますます力が入りにくくなる。

この操作の間に、自然にテコの腕が短くなっている。

相手はなおも押さえようとするが、頑張るほど肩が上がり、全身が固まってしまう。面白いことに、ここまでの操作が成功すると、相手は錆びついたロボットのように体が硬直する。ただし、わけのわからぬ違和感をおぼえはするが、本人は自分の体が硬直していることに気がつかない。

第三段階で相手を体ごと持ち上げるわけだが、両肘を両手首の位置に移そうと意識すると、さらに体幹屈曲の程度が自然に増す。こうして、手首を持ち上げるというより、腕を体幹に固定したまま、腰背筋を使って屈曲した体幹を伸ばせばよいのである。

手首がある程度持ち上がり、相手の体勢が崩れたら、肩関節を屈曲させ、肩甲骨の動きも加えて、さらに手首を前上方へ動かせばよい。相手は硬直しているので、そのまま両手首をひねるように逆方向に動かして投げ倒すこともできるし、立ち上がって押していくこともできる。

相手に悟られない合気の「崩し」

合気上げの第三段階の後半では、相手の体勢の崩れていることがポイントである。相手のバランスを奪うことを「**崩し**」という。柔道でも投げ技を掛ける前の崩しは大事で、相手に急激に強い力を加え、バランスを崩す。ただし、合気の崩しは柔道などの崩しと大きく違い、相手が気づかないよう触覚情報を混乱させることで行う。

両者が最初から立っているときの合気上げを例に、崩しを考えてみよう。

AがBの両手首を動かないよう押さえつけたとしよう。普通の人同士なら、どちらも両足をしっかり踏ん張って体幹を安定させ、それを土台に腕の力で押そうとする。Bが逃れようと手首をどちらかに動かそうとすると、Aは手の平でそれを感知して（触覚情報）、押さえる力の向きや大きさを調整する。このとき必要な力を出すためには、自分の体勢が崩れないこと、つまり重心位置を適切に変えることが絶対条件である。たとえば、Bが力強く前進してくるのを止めようとするとき、Aは（両足が左右だけに開いているとき）無意識に重心を両足の作る支持面よりずっと前に移して前傾姿勢をとる。

Aが普通の人なら、そのままの前傾姿勢で固まっている。Bが突然手首を引いたとすると、Aは異なる力を感じ取り、こんどは足の位置を変えるなどして後傾姿勢になり、再び固まる。言い換えると、AはBの出す一定の力、あるいは力の急変を手がかりにして、一つの姿勢から別の姿勢に移る。Bのほうも、一つの力から別の力に急変するため、一つの姿勢から別の姿勢に移っては固まる、ということを繰り返している。

じつはこの固まることを武術では「**居付く**」といって、もっとも嫌う。柔軟な変化ができないからである。

ではBが固まらず、つまり居付くことなく、Aに対して「一定の力」や「急変した別の力」という手掛かりを与えないようにしたらどうなるだろうか。たとえばBが自分自身に対して、バナナの皮を踏んだとか、凍結した路面で転びかけたときのように、固まるどころか非常に不安定な状態を意識的に作ったとしよう。Aは手掛かりを失って、どんな力を出せばよいかわからず、無意識のうちにある種のパニック状態に陥る（ただし本人はそのことに気づいていない）。それを逃さず、腰を水平に進めるイメージで（居付かずに）前進すると、Aはバランスを失い、ほとんど無抵抗で後退する。

ただしこの方法は、自分も一度は不安定になる点であまりスマートとはいえない。そこで、相手の手掛かりをなくす高等技術として、自分の肘から先が棒のようになり、その棒を肘で操作するとイメージする。そのうえで肘の力を完全に抜き、棒の部分を荷物でも預けるように、一度完全に「相手に持たせる」。相手は、じつはここで手掛かりを失っている。そこで、再び棒となった前腕を肘で前へ押し出すと、わけのわからぬ大きな力で動かされたように、無抵抗で後退する。

このとき、握られた手首は一定の固さでこわばっている必要がある。棒をイメージする理由はそこにある。指を動かす筋肉や腱は手首を通っているので、指をわずかに動かしただけでも、もっとも敏感な触覚を持つ相手の指に感じ取られてしまうからだ。

指一本で相手を崩す

ここまでは、相手に気づかれない（触覚情報を与えない）方法を紹介したが、積極的に触覚情報でだます方法もある。それは主に次の四つに分類できる。

a　全体の力の大きさより、かけられた圧力に感じやすいことを利用する。
b　体の一点に連続的に変化する力を加える。
c　接触点の皮膚の上を転がる、または滑らせながら変化する力を加える。
d　手の平の反射などを利用する。

aの例では、二つの力を同時に加える。たとえば、向かい合った相手の肩に上から手を掛け、背中側の第二〜五指を立てて背中を引くように突き立て、同時に平たく胸側に当てた親指全体と手根で押してやる。相手は背中側の指の圧力を敏感に感じ取り、前に倒されないよう上体を後ろへ引こうとする。しかし、圧力の感覚とは違い、胸を押すほうの力が大きければ、相手は簡単に後ろへ倒れてしまう。

逆に、胸側の親指を突き立てて押し、背中側の四本の指を平たく伸ばして引くと、前に引き倒すこともできる。

bの例として、こちらが押すことを相手に予告したうえで、軽く伸ばした腕の先の指一本で胸を押し、よろめかせる技がある。相手は十分に踏ん張って体勢を整えるが、じつは前方からの力を予想して固まっているのである。こちらも固まって一方向の力を掛けても、指だけの力でよろめくわけがない。また、力の向きを意識的に急変させても、すぐに気づかれてしまう。

このbを使った技を、合気道の人たちは「気」の流れを感じながら行うという。私もこの技ができるが、太極拳と気功の経験を活かし、まず全身の関節角度を固定することなく柔らかく保つ。次に、伸ばした腕から指先まで「気」が流れ、さらに相手を通り抜けていくイメージを作りながら、優しく押してやるようにする（「気」の実体や存在については立ち入らないが、少なくとも主観的には「体内を気が流れている」あるいは「気が体の外にビームのように出ていく」という明確な感覚がある）。結果として、自分で意図しなくても、指で相手を押す力が、その大きさも向きも連続的に微妙に変化する。

相手はその変化を触覚情報として正確に把握することができない。ある程度力の向きが変わった時点で初めて気がつき、崩れた体勢を立て直そうとするが、連続的な変化にはついていけない。たとえ立て直せたとしても、その体勢で固まるだけだから、すぐにまた崩される。

ｃは、力の加わる接触点が連続的に変わったり、さらに余分な摩擦力がノイズになったりして正確な力が把握できないことで効果を生む。手刀の小指側で相手の胸を、手首付近から指先に掛けて転がしたり、あるいはこすり上げるように押し上げると、弱い力でのけぞってしまう。

ｂとｃを合わせた例として、向かって相手の右横に立ち、右手で相手の右肩を押す技を見てみよう。攻者は大木に抱きつくように両手を軽く曲げて前に出し、右手の甲でしっかり踏ん張った相手の右肩を、もっとも耐えやすい両足を結ぶ線の向きに押してよろめかせることができる。この場合、攻者の肩は水平伸展させることになるが、まともに押せば肩関節に非常に大きなトルクが必要となり、相手はびくともしない。

私の場合、両腕の間に大きな「気の球」を作り、それが膨らむのに合わせて両手の間隔を広げるイメージを作る。このイメージを作ると体が固まらず、柔らかく使えるからである。実際には、肩関節が水平伸展するにつれ、右手の甲で押すことになる。この場合、力の向きが右斜め前↓右↓右斜め後ろと連続的に変わり、手の甲が相手の肩に触れる部位も変わっていく。相手の動きによっては、力の向きを上下に変化させたり、また、相手が崩れて動く向きに、下肢の三関節を柔らかく使って体幹を水平移動させ、力を加え続けることもある。

肩と肩で押し合ったりする場合も、手の甲と同じく肩に柔らかな円の動きをさせることで、相手を小さな力で崩すことができる。また、前項の立った姿勢での合気上げでも、棒のイメージの代わりに柔らかい体の使い方をしても、両手首の力を感じ取る相手の手掛かりをなくし、ゆっくりとよろめかせることもできる。

最後のdは、「**触れ合気**」と呼ばれる系統の高級な技のもとになっている。生まれて間もない赤ちゃんは、手の平にものが触れると自動的に握る「**把握反射**」がある。人類の祖先が樹上で暮らしていたころ、木の枝に触れた瞬間に握るための原始的な反射ともいわれている。触れ合気では、こうした反射を利用している。

把握反射は、大人では完全に消えるとされている。しかし私の体験では、熟練者に手の平を引っかくようにこすられると、自然に半ば握る形になり、そのまま引っ張られる。詳しい科学的解明はまだのようだが、この種の反射が大人にもあることは体験的事実である。触れ合気はこれ以外にも、成人にも見られる各種の姿勢反射（頸反射もその一つ）を巧みに利用して、相手を硬直させていると考えられる。

dの技の例として、指一本で相手を倒す技がある。相手がこちらの人差し指をへし折ろうと握った瞬間に触れ合気によって崩し始めると、文字通り指一本で相手をねじ伏せることができる（写真７－２）。私も実際にこの技で倒されたことがあるが、握られた指で微妙に相手の手の平を刺激して、反射を起こしているようだ。

このように、崩しのテクニックの熟練者は、組み合ったときはもちろん、突いてきた腕を払うなど、体のどこかが触れ合った瞬間に崩すことができる。しかも崩されるほうは、力をほとんど感じず、なぜバランスが保てないのかわからないままに倒されてしまう。実戦なら、崩して完全に無防備になった瞬間に、打撃技を出すこともできる。普通の打撃に対しては筋肉が強く「打たれ強さ」を誇る人でも、このような打撃にはほとんど耐えられない。

運動の指令が間に合わない

写真７－１の合気上げや写真７－２の技の説明を読んで、こう思われた人も多いだろう。「体ごと持ち上げられたり、倒れるほど体が傾く前に、手首をつかんだ腕を曲げるか、人差し指を握った手を放せばよいのではないか？」

ところが実際に技をかけられてみると、体が硬直して何もできない。後で詳しく説明するが、自分の意志で動こうとするとき、脳で作られた指令が筋肉まで送られて初めて動作が始まる。つまり、この人は最初の指令「両手首を押さえよ」に従ったまま、あるいは反射によって手を握っ

(a)

(b)

(c)

写真7-2　指一本で相手を倒す

(a) 相手に人差し指を握られる。
(b) 手の平の反射を利用して相手の体勢を崩していく。
(c) 相手は手を放すことができないまま完全に崩される。

ていて（触れ合気で取り上げた把握反射のように）、新たに「手を放せ」などの指令を作れない状態なのである。なぜなら、その指令を作る理由となる触覚情報が正確に伝わらないからだ。一度崩された相手にしてみれば、手を放すことを考えるどころか、逆につかんだ手首や指にしがみついてバランスを取ろうとするのに必死なのである。

このように新しい指令を作れない状態に追い込むと、いろんな技を掛けることができる。類似の技にはいくつかの段階があるが、その例を見てみよう。

武術家の甲野善紀さんと初めて会ったとき、「右手で顔面を軽く突くから、左前腕で跳ね上げるように」と言われた。私は、少林寺拳法の「**上受け**《うわう》」（空手の「上段受け」に相当）で、甲野さんの突き腕の手首付近を跳ね上げた。ところが次の瞬間、受けた腕を腰のあたりまでほとんど無抵抗に押し下げられた。実戦なら、がら空きになった顔面を突かれている。この受けは、相手が突き腕を強引に押し下げて顔面を突いてくることも想定して強力に跳ね上げるので、逆に押し下げられることはまずありえない。

甲野さんは「抜重によって全体重を瞬間的に突き腕に掛ければ、相手は対応ができない」と説明する。全体重といっても、じわじわ掛ければ相手は対応できる。瞬間的にかけ、相手に新しい指令を作る余裕を与えないことがポイントである。

では、瞬間的にではなく、たとえば一秒前後かけて比較的ゆっくり力を加えたらどうなるだろう。もちろん、重心位置の関係で、体重に近いような大きな力は掛けられない。このときは、上腕が内旋しつつ下がる向き、つまり相手の肩関節が伸展や内旋するようなトルクが掛かるよう、やや手前に引きつつ弧を描いて押し下げると、やりやすい。前項の方法を用いて相手に力の向きの変化を気づかれにくくするほど、ゆっくり動かしても成功する。

相手が、ボディビルダーのような腕力の持ち主だったらどうだろう。これも基本的に同じで、相手の重心が支持面から外れるように意識して、相手の両足を結ぶ線と垂直の向きに引いたり押したりする。バランスを崩された相手は、そのことに気づかない限り、なぜ力が入らないのかわからないまま腕を押し下げられるのである。

写真7−3は、太極拳の池田秀幸さんが、容易に耐えられるはずの弱い力で私の腕を押さえつけ、実際に腕のほうはまったく押し下げられなかったものの、なぜか池田さんと一緒にしゃがんでしまい、あまりの不思議さに笑ってしまったところである。

池田さんは腕に加える力の向きを微妙に加減して、腰、膝の順に私を崩したようである。前項で紹介した合気柔術では、相手は崩されたという違和感を持つ。しかし写真のように、私は池田さんのどこかをつかんでいるのでもなく、体勢が崩れているようにも見えない。実際、崩されたという意識はまったく生じず、わけのわからないままゆっくりとしゃがんでしまった。触覚情報を完全に狂わされた結果としか言いようがない。

写真７−３　太極拳・池田秀幸さんによる崩し

左が著者、右が池田さん。腕を押し下げる力はあまり感じないのに、なぜか一緒にしゃがんでしまう。

『月刊秘伝』（BABジャパン）2006年10月号より

触覚が視覚をだますパントマイム

映画のスクリーンの右手に女性、左手に男性がいて話し合っているとする。このとき、右のスピーカーから男性の声、左から女性の声がしたとしても、ほとんどの人は声の左右逆転に気がつかない。これは視覚情報が聴覚情報に優先して、結果的に視覚が聴覚をだましたのである。

同じように、触覚が視覚に優先して、正確な視覚情報を妨げることがある。パントマイムに「壁を押す」という演技がある。懸命に全身を使って押す動作をするが、見えない壁に当たってそこから先には行けない。実際に壁を押す力はゼロで、これが演技のポイントである。このパントマイムに似て、武術では壁の代わりに相手の体の一部を動かさずに、(ゼロではない)一定の力で押しながら有利な体勢に移動する方法がある。

写真7-4は、伸ばした腕の手首の甲側を触れ合って、互いに技を掛け合おうとしたところである。A(攻者・右側)がB(受者)の手を払って踏み込んだり突こうとすれば、Bは即座に手を払われないよう抵抗する。しかし、Aが触れ合った手首の位置をまったく変えない、あるいは圧力を一定に保って、接触点をわずかに転がしながら踏み込むとしよう。BはAの近づいてくるのが見えているのに実感が湧かず(b)、気が付いたときは技が掛かっている(c)。BはAの「**動きが消えた**」と感じる。これを動きの「気配が消えた」と表現することもある。

(a)

(b)

(c)

写真7-4　触覚が視覚をだますパントマイム、太極拳「単鞭」の応用例

　右（黒服）が攻者、左（白服）が受者
(a) 右手首付近を触れあって構える。
(b) 接触点の位置をそのままに、動きを消して前進。
(c) 気がついたとき、もう技がかかっている。

この技は、「単鞭《たんべん》」という太極拳で知られた技の応用例の一つである。この技で相手が先に動く、たとえば右手で突いてきても原理は同じだ。全身の関節を柔らかに保ち、相手の突く力に逆らわず、一定の力で受け流す。相手は、突きを出しているのに触れた部分に変化（手応え）がなく、触覚から得られる情報が視覚情報を妨げる。触覚が視覚に優先し、動きのないときと同じように感じてしまうのだ。こうして、わけのわからぬまま体勢を崩され倒される。

別の例として、相手と組み合ったとき、たとえば両肩に触れた両手の位置や力を変えないで、片足を相手の足にかけることができる。相手は、両手から肩に掛かる力を触覚情報として、こちらの動きを読み取ろうとする。一般に、接近して組み合うと足の動きが見えにくいが、たとえ見えたとしても、実感が湧かない。投げ倒されて初めて気がつくのである。

動きが消える・気配が消える

視覚が触覚にだまされる前項の場合もそうだったが、身体接触のない離れた間合いでも、正確な視覚情報を得にくい動きをすると、やはり動きや気配が消える。

人間は、網膜に映った視覚情報（二次元情報）を脳で三次元情報として組み立て直してから、「見えた」と知覚する。したがって、スポーツを含む日常生活でほとんど経験のない武術特有のすばやい動きが網膜に映っても、脳が「**知覚世界**」を構築できない。相手が最初に構えた姿は確かに見えるが、そこからやられてしまうまでの途中の動きが消えている。後で考えても、どう動かれたのか見当もつかないことが多い。

稽古を積み重ねるうちに武術特有の動きに慣れると、少しずつ脳が現実の動きに近い「知覚世界」を構築できるようになる。師範の動きも少しは見て取れるようになるし、とくに格下の相手の動きなら丸見えになる。

この視覚のメカニズムを利用した技を紹介しよう。

膝を軽く曲げて構えた姿勢で、合図とともにすばやく跳び上がる全身反応時間は、一流選手でも〇・三五～〇・四秒の範囲にあることがわかっている。打撃技の防御の動作にも同程度の時間がかかると考えると、攻撃動作が始まったのを目で見てから防御を始めても、ほとんど間に合わないことになる。なぜなら、通常のストレートの突きでも、動作時間（予備動作を除く）は〇・三秒前後しかかからず反応時間より短いからだ。

それでも打撃系の試合でほとんどの攻撃が防御されるのは、相手の動きの流れから攻撃の種類とタイミングを予想して防御を始めるからである。したがって、動きの流れを見せない、つまり予備動作をなくすことができれば、防御はきわめて難しいか、あるいは不可能となる。

武術家の甲野善紀さんに教えてもらった突き技を紹介しよう。

右足を前に軽く構えた甲野さんが、右足を一歩前へ踏み出しながら、右拳でみぞおちを突くと

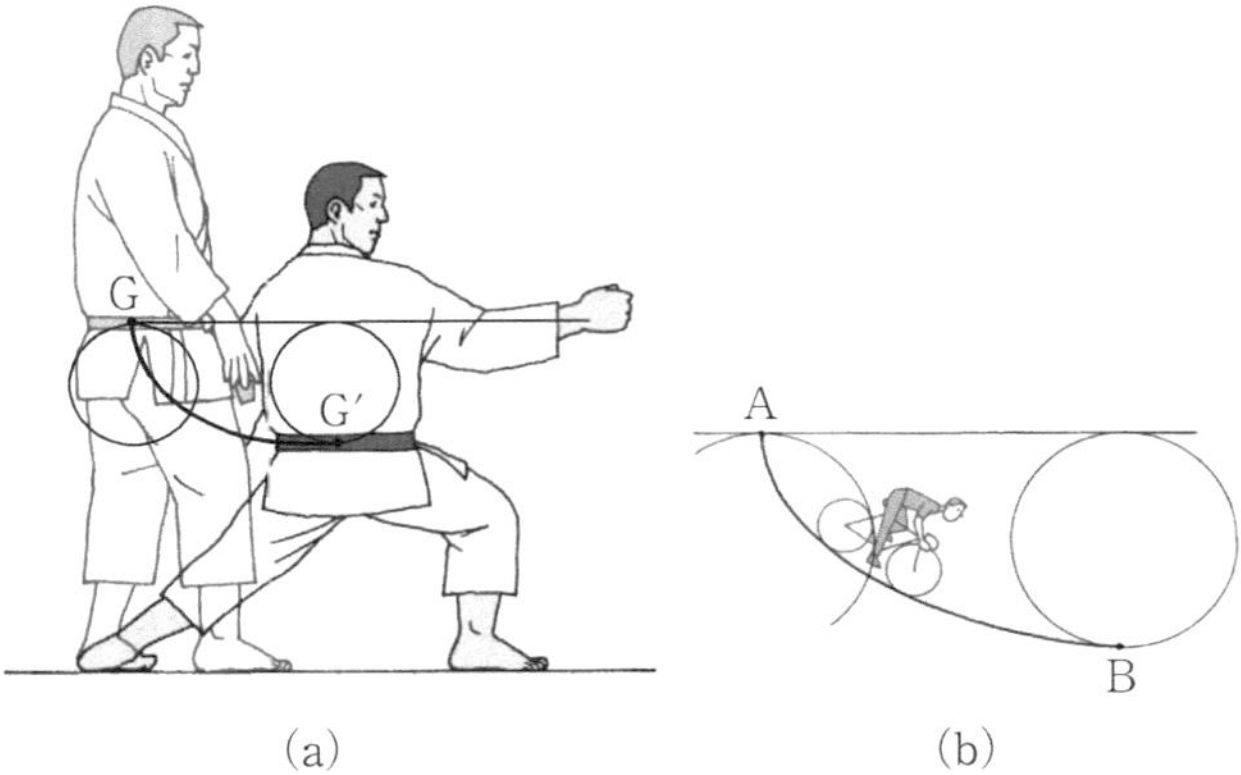

図7-2　重力を利用して気配を消す

(a) 重心Gがサイクロイドに似た軌道を描いてG′に達する。
(b) サイクロイド曲線に沿って滑り降りると、AからBまで最短時間で到達する。

予告し、私は突き腕を払う防御の構えを取った。このように攻撃動作がはっきりわかっている場合、受け手がよほどの初心者でもないかぎり、まず一〇〇パーセント防御に成功する。予備動作として体が少しでも動いた瞬間に、予定通りの防御動作を始めればよいからである。ところが、甲野さんの突きは払う間もなく、と言うより払おうとする気が起こる前にみぞおちに当たった。他の打撃系格闘技の高段者に対しても、結果は同じだった。

甲野さんは「地面を蹴らず、重力利用によって崩れ落ちるように進みながら突く」と説明する。私も数ヵ月の練習によって、ほとんどの相手にこの技ができるようになったが、確かに重力を前進の加速に利用していることがわかった。

本書で解説した技の数々には、「抜重」が重要な要素を占める。第2章の「踵の力」、第6章の「すばやく振り返る方法」などである。抜重による重力エネルギーをさらに積極的に利用したのが、この技である（図7－2）。

ヒントは「最速降下線」である。物体が点Aから点Bまで摩擦のない面を滑り降りるとき、最短時間で移動できる斜面の形である。これは自転車が平地を走っているとき、地面に接するタイヤの一点が描くサイクロイドという曲線の一部を上下逆さにした形である。点AとBを結ぶ直線を下向きにへこました形で、点Aでは傾きが九〇度（鉛直）である。身体重心がこのサイクロイド曲線とよく似た動きをすれば、重力利用によってもっともすばやく動けるはずである。突きを出す人は、重力エネルギーに主に下肢からのエネルギーも加わって、高速に加速することができる。

まず両足を同時に抜重し、重心を真下に落とす。重心が十数センチ落ちたとき、後ろの左足の裏全体をポンと地面につけ、前の右足を大きく前へ踏み出しながら拳を突き出す。たとえば約一六センチ重心を落とすのに〇・一八秒しかかからず、そのときの速さは時速六・五キロになる。踏み出すにつれて重心はなおも少しずつ下がるので、速さを増しながらサイクロイドに似た軌道を描く。

踏み出しにより上体は自然に左に回り、右股関節が前に出るので、前足の速度はそれだけ大きくなる。こうして前足が前向きに急加速されるが、その反作用の力が最終的に後ろ足にかかるので、結果として意識しなくても力強く地面を後方へ蹴ったことになる。この前足を踏み出す勢い（運動量）を体幹に伝えて加速することができる。

では、なぜこの突きの「気配が消えて」いるかを考えよう。

第一に、たんに重心が下がるだけの動きは、自分に近づくわけではないので、相手は突きの始まりとは認識しにくい。スポーツ的な格闘技なら、ほとんどの場合重心は最初から相手に向かうので、普通の人はこうした武術の異質な動きに戸惑うのである。

第二に、抜重で重心がかなりの速度に達するあいだ、まったく力を入れる必要がないことである。抜重なしで重心を水平に同じ速度に加速するためには、体重と同じ力（水平成分）で地面を後方へ蹴らなければならない。力を溜める動作などが必要となり、動き始めを読まれてしまう。

第三に、拳を後ろへ引くような予備動作をしない。両手をだらりと垂れた体勢からでも、伸ばしたままの腕をスッと持ち上げて相手に向けるだけでよい。序章の「すばやい手の動き」と同じ原理で、抜重によって肩が下がるので、突き腕の先端である拳を持ち上げやすいのである。

たんなる抜重ではなく、つまずいて前の相手にすがりつくように倒れ込むイメージを作るのもよい。つまずいたとき棒のように倒れると危険なため、**立ち直り反射**といって、膝の力を抜く作用、前のめりになった体幹を引き起こそうとする作用、パッと両腕を伸ばして地面に着く作用が起こる。これを積極的に利用するのである。この反射による動きは、この突きの動作と共通点が多い。とくに腕がほとんど無意識に、つまり「気配なく」すばやく伸びるのも利点である。

見方を変えると、予備動作のないこの突きでは、最初の構えから突き終わりの体勢まで、全身のどの関節も最小限の動きしかしていない。これも、動きを見えにくくする要素となる。

ところで、力を溜めない突きの拳が当たって効くだろうか、と思うかもしれないが、重心が大きな速度で動いているので、非常に重い衝撃力になる。

重力による回転を利用した剣さばき

古流剣術に「**脇構え**」という、刀を後方へ向けた構えがある（図７－３）。流派によって多少の違いはあるものの、この脇構えは相手の攻撃を誘い、防御と反撃を一動作で行うことができる。黒澤明監督の名作『七人の侍』で、久蔵という名のストイックな剣豪が武者修行者を一刀のもとに切り倒した、印象に残る技でもある。

図の(a)のように、構えは一見無防備に見える。相手が左肩を狙って上段から斬りかかるとしよう。ところが「斬った」と思った瞬間、目標の左肩が消えていて先に斬られてしまう。相手の刀はこちらの刀で外側に押され、完全に空を切り相打ちにすらならない。私が初めてこの型を体験したとき、相手の動きは完全に「消えて」いて、なぜ斬られたのかまったくわからなかった。

図7-3　古流剣術の「脇構え」

(a) 一見無防備な脇構え。

(b) 左足を抜重してすばやく後ろへ引き、持ち上がった刀を刃が上を向くように手首を返して肩で担ぐような格好に。

(c) 目標となるこちらの左肩を見失った相手に向かって斬り下ろす。

(d) 接地点Aのまわりの重力によるトルクで刀を上へ回して斬る。

この動きにも重力が関係するが、利用の仕方が前項と異なる。図7－3dのように、前に出した左足を完全に抜重し、後ろの右足の接地点Aの付近まで引く。体重をw、重心Gと点Aの水平距離をl（体の動きに連れて変化する）とすると、残った接地点Aのまわりにトルク$N = w \times l$が生じるので、体は点Aを中心に重力によって前のめりに回転する。わずかな時間だが、この回転によって目標となる左肩が、相手の刀から逃げるように下がり、後ろを向いていた刀の切っ先が上に持ち上げられる。

こうして、引いた左足を点A付近に接地すると同時に、右足を前へ踏み出す。これで左右の足を踏み替えたことになる。最初の前のめりの回転で下がっていた目標の左肩は、足の踏み替えにより、すばやく後ろへ引かれる。これと同時に、切っ先が持ち上がっていた刀を、両肘を曲げながら刃が上を向くように手首を返して、一瞬右肩に担ぐような形にし、そのまま前方（向かって）やや左方向へ斬り下ろす。その軌道は、相手の刀を右上から押さえるように封じている。こうして逆に相手を斬り倒すことができる。

両足が同時に宙に浮くと前方への回転のトルクがなくなるので、左右の足を踏み替えるときは、けっして跳び上がってはいけない。相手が突進してきて間合いが近くなりすぎるようだったら、左足を引く距離を大きくしたり、場合によっては右足の位置Aをそのままに、左足をさらに一歩後ろまで引いてもよい。

気配を消す精神状態

私は大学院生時代の夏休み、曹洞宗の禅寺に籠もって一日五時間の座禅を行い、その冬には数日間、一日一四時間の座禅を行った。そして研究室に戻って理論物理学の計算をしたところ、次のような興味深い体験をした。

机上の計算用紙に意識を集中しているにもかかわらず、隣席の先輩が計算を間違い「クソッ！」とつぶやきながら消しゴムで修正しているのが、手に取るようにわかる。しかも、自分の計算への集中はまったく損なわれない。また、開けておいたドアが風でドーンと大きな音を立てて閉まったことがある。以前なら、計算用紙に鉛筆の跡が付くほどギクッとして、集中を破られたものである。ところが、このときは心の中に一瞬「ドーン」と響くだけで、計算は何事もなかったかのように続けられた。

座禅中の禅僧に集中を妨げるような音を聞かせると、脳波に変化が出る。無念無想といっても、ちゃんとわかっているのである。しかし、そのすぐ後に脳波は元に戻る。また、何度その音を聞かせても、脳波の変化は同じである。これが普通の人の場合、音を聞かせたことによって変化した脳波がなかなか元に戻らず、影響を長く引きずる。また同じ音が続くと慣れてしまって、脳波の変化が小さくなる。

つまり、禅僧は常に真っさらな気持ちで事態に対応しているが、普通の人は心理的な居付きというか一つのことに心が引っかかり、集中を妨げられる。しかも、同じ音には反応が鈍くなる。剣豪が座禅を組んだ理由の一つに、この禅僧のような心境を求めたことが考えられる。「真っさらな気持ち」を保つことができれば、フェイントにも惑わされず、相手の同じ動きにも反応が鈍ることがない。

前述の院生時代から四〇年を経た最近、太極拳の池田秀幸さんに教わった「後ろの音を聞く」つもりで構える、ということの意味がようやく少しわかった。座禅の集中と同じく、周囲の出来事が手に取るように把握でき、しかも集中を妨げられない。

この構えで待ち受けていると、相手の攻撃に対して、普通よりすばやく反応できることを発見した。集中を保ちながらフェイントにも引っかからないのだから、当然であろう。

さて、自分が攻撃側になったとき、この構えはさらに効果的だった。一般に、武道経験者に攻撃の種類と狙う位置を予告すると、どんなに攻撃をすばやくしても完全に受けられてしまう。しかし「後ろの音を聞く」構えから、たとえば「手刀で相手の首を水平に切る」と、重力利用がなく、動きを消しにくいはずなのに、相手はほとんど反応できない。

科学的な研究は行われていないが、人間は目の前の人間の、とくに危害を加えようとする動きに対して非常に敏感に反応できる。わずかな予備動作や目付き、表情の変化を無意識に読み取っているのであろう。実際、私の体験でも「なるべくすばやく」との思いで自分に力みを感じた瞬間、手が動き出す前から相手は防御の動作を始める。

一般に、何かの動作を始めようとする意志が働くと、大脳皮質の連合野で指令が作られ、その指令が運動神経細胞から脊髄を通って筋肉に伝えられる。運動指令から筋肉が収縮を始めるまでに約〇・三秒かかる。動作に必要な筋肉が収縮を始めてからも、大きな収縮力が出るまでにはさらにざっと〇・一秒かかる。この合計〇・四秒の間に、「相手をやっつけてやる」などの思いのため表情筋が動けば「攻撃の気配を発した」ことになる。「後ろの音を聞く構え」では、おそらく「攻撃の気配」が消えているのだと思われる。

高い技術とそれを実現する身体を練り上げたうえ、命をかけた実戦において、常にこのような精神状態が保てるなら、心・技・体の三拍子がそろった真の達人と呼ぶことができるだろう。

参考文献

『格闘技「奥義」の科学』（吉福康郎著　講談社ブルーバックス　一九九五年）
『最強格闘技の科学』新装版（吉福康郎著　福昌堂　二〇〇八年）
『スポーツの科学』（財団法人日本学術協力財団編集・発行　二〇〇七年）
『バイオメカニクス　身体運動の科学的基礎』（金子公宥・福永哲夫編　杏林書院　二〇〇四年）
『身体運動の機能解剖』（C. W. Thompson & R. T. Floyd 著 中村千秋・竹内真希訳　医道の日本社　一九九七年）
『関節はふしぎ』（高橋長雄著　講談社ブルーバックス　一九九三年）
『筋肉博士石井直方の筋肉まるわかり大事典Ｖｏｌ．２』（石井直方監修　ベースボール・マガジン社　二〇〇八年）
『使える強い筋肉をつくるトレーニングマニュアル With DVD』（谷本道哉・荒川裕志著　晋遊舎　二〇〇九年）
『「古の武術」に学ぶ』（甲野善紀著　ＰＨＰ研究所　二〇〇五年）
『古流剣術』（田中普門著　愛隆堂　一九九五年）
『気剣体一致の武術的身体を創る』（黒田鉄山著　ＢＡＢジャパン　一九九八年）

『はじめよう! 少林寺拳法』(一般社団法人SHORINJI KEMPO UNITY監修　ベースボール・マガジン社　二〇〇九年)
『透明な力』(木村達雄著　講談社　一九九五年)
『合気修得への道』(木村達雄著　合気ニュース　二〇〇五年)
『養神館　合気道入門』(塩田剛三著　山海堂　一九九〇年)
DVD『無形塾太極拳実戦理論　太極拳を使う!』(池田秀幸指導・監修　BABジャパン　二〇〇〇年)

〈さ行〉

さくいん

N.D.C.780　213p　18cm

ブルーバックス　B-1688

武術《ぶじゅつ》「奥義《おうぎ》」の科学《かがく》
最強の身体技法

2010年6月20日　第1刷発行
2024年3月18日　第9刷発行

著者　吉福康郎《よしふくやすお》
発行者　森田浩章
発行所　株式会社講談社
〒112-8001 東京都文京区音羽2-12-21
電話　出版　03-5395-3524
販売　03-5395-4415
業務　03-5395-3615
印刷所　(本文表紙印刷)株式会社ＫＰＳプロダクツ
(カバー印刷)信毎書籍印刷株式会社
本文データ制作　講談社デジタル製作
製本所　株式会社ＫＰＳプロダクツ

定価はカバーに表示してあります。

ISBN978−4−06−257688−8

発刊のことば

科学をあなたのポケットに

二十世紀最大の特色は、それが科学時代であるということです。科学は日に日に進歩を続け、止まるところを知りません。ひと昔前の夢物語もどんどん現実化しており、今やわれわれの生活のすべてが、科学によってゆり動かされているといっても過言ではないでしょう。

そのような背景を考えれば、学者や学生はもちろん、産業人も、セールスマンも、ジャーナリストも、家庭の主婦も、みんなが科学を知らなければ、時代の流れに逆らうことになるでしょう。

ブルーバックス発刊の意義と必然性はそこにあります。このシリーズは、読む人に科学的に物を考える習慣と、科学的に物を見る目を養っていただくことを最大の目標にしています。そのためには、単に原理や法則の解説に終始するのではなくて、政治や経済など、社会科学や人文科学にも関連させて、広い視野から問題を追究していきます。科学はむずかしいという先入観を改める表現と構成、それも類書にないブルーバックスの特色であると信じます。

一九六三年九月

野間省一

ブルーバックス　趣味・実用関係書(II)

1696 ジェット・エンジンの仕組み　吉中 司
1707 「交渉力」を強くする　藤沢晃治
1725 魚の行動習性を利用する釣り入門　川村軍蔵
1773 「判断力」を強くする　藤沢晃治
1783 知識ゼロからのExcelビジネスデータ分析入門　住中光夫
1791 卒論執筆のためのWord活用術　田中幸夫
1793 論理が伝わる　世界標準の「書く技術」　倉島保美
1796 「魅せる声」のつくり方　篠原さなえ
1813 研究発表のためのスライドデザイン　宮野公樹
1817 東京鉄道遺産　小野田 滋
1847 論理が伝わる　世界標準の「プレゼン術」　倉島保美
1864 科学検定公式問題集　5・6級　桑子 研／竹田淳一郎　竹内 薫＝監修
1868 基準値のからくり　村上道夫／永井孝志　小野恭子／岸本充生
1877 山に登る前に読む本　能勢 博
1882 「ネイティブ発音」科学的上達法　藤田佳信
1895 「育つ土」を作る家庭菜園の科学　木嶋利男
1900 科学検定公式問題集　3・4級　桑子 研／竹田淳一郎　竹内 薫＝監修
1910 研究を深める5つの問い　宮野公樹
1914 論理が伝わる　世界標準の「議論の技術」　倉島保美
1915 理系のための英語最重要「キー動詞」43　原田豊太郎
1919 「説得力」を強くする　藤沢晃治

1926 SNSって面白いの？　草野真一
1934 世界で生きぬく理系のための英文メール術　吉形一樹
1938 門田先生の3Dプリンタ入門　門田和雄
1947 50ヵ国語習得法　新名美次
1948 すごい家電　西田宗千佳
1951 研究者としてうまくやっていくには　長谷川修司
1958 理系のための法律入門　第2版　井野邊 陽
1959 図解　燃料電池自動車のメカニズム　川辺謙一
1965 理系のための論理が伝わる文章術　成清弘和
1966 サッカー上達の科学　村松尚登
1967 世の中の真実がわかる「確率」入門　小林道正
1976 不妊治療を考えたら読む本　浅田義正　河合 蘭
1987 怖いくらい通じるカタカナ英語の法則　ネット対応版　池谷裕二
1999 カラー図解　Excel「超」効率化マニュアル　立山秀利
2005 ランニングをする前に読む本　田中宏暁
2020 「香り」の科学　平山令明
2038 城の科学　萩原さちこ
2042 日本人のための声がよくなる「舌力」のつくり方　篠原さなえ
2055 理系のための「実戦英語力」習得法　志村史夫
2056 新しい1キログラムの測り方　臼田 孝
2060 音律と音階の科学　新装版　小方 厚

ブルーバックス　趣味・実用関係書（Ⅲ）

2064 心理学者が教える　読ませる技術　聞かせる技術　海保博之
2089 世界標準のスイングが身につく科学的ゴルフ上達法　板橋　繁
2111 作曲の科学　フランソワ・デュボワ　井上喜惟＝監修　木村　彩＝訳
2113 ウォーキングの科学　能勢　博
2118 道具としての微分方程式　偏微分編　斎藤恭一
2120 子どもにウケる科学手品　ベスト版　後藤道夫
2131 世界標準のスイングが身につく科学的ゴルフ上達法　実践編　板橋　繁
2135 アスリートの科学　久木留　毅
2138 理系の文章術　更科　功
2149 日本史サイエンス　播田安弘
2151 「意思決定」の科学　川越敏司
2158 科学とはなにか　佐倉　統
2170 理系女性の人生設計ガイド　大隅典子　大島まり　山本佳世子

ブルーバックス12cmCD-ROM付

BC07 ChemSketchで書く簡単化学レポート　平山令明

ブルーバックス　医学・薬学・心理学関係書（I）

921 自分がわかる心理テスト　桂　戴作＝監修　芦原　睦
1021 人はなぜ笑うのか　志水　彰／角辻　豊／中村　真
1063 自分がわかる心理テストPART2　芦原　睦＝監修
1117 リハビリテーション　上田　敏
1176 考える血管　児玉龍彦／浜窪隆雄
1184 脳内不安物質　貝谷久宣
1223 姿勢のふしぎ　成瀬悟策
1258 男が知りたい女のからだ　河野美香
1315 記憶力を強くする　池谷裕二
1323 マンガ　心理学入門　N・C・ベンソン　清水佳苗／大前泰彦＝訳
1391 ミトコンドリア・ミステリー　林　純一
1418 「食べもの神話」の落とし穴　髙橋久仁子
1427 筋肉はふしぎ　杉　晴夫
1435 アミノ酸の科学　櫻庭雅文
1439 味のなんでも小事典　日本味と匂学会＝編
1472 DNA（上）ジェームス・D・ワトソン／アンドリュー・ベリー　青木　薫＝訳
1473 DNA（下）ジェームス・D・ワトソン／アンドリュー・ベリー　青木　薫＝訳
1500 脳から見たリハビリ治療　久保田競／宮井一郎＝編著
1504 プリオン説はほんとうか？　福岡伸一
1531 皮膚感覚の不思議　山口　創
1551 現代免疫物語　岸本忠三／中嶋　彰

1626 進化から見た病気　栃内　新
1633 新・現代免疫物語「抗体医薬」と「自然免疫」の驚異　岸本忠三／中嶋　彰
1647 インフルエンザ　パンデミック　河岡義裕／堀本研子
1662 老化はなぜ進むのか　近藤祥司
1695 ジムに通う前に読む本　桜井静香
1701 光と色彩の科学　齋藤勝裕
1724 ウソを見破る統計学　神永正博
1727 iPS細胞とはなにか　朝日新聞大阪本社科学医療グループ
1730 たんぱく質入門　武村政春
1732 人はなぜだまされるのか　石川幹人
1761 声のなんでも小事典　和田美代子　米山文明＝監修
1771 呼吸の極意　永田　晟
1789 食欲の科学　櫻井　武
1790 脳からみた認知症　伊古田俊夫
1792 二重らせん　ジェームス・D・ワトソン　江上不二夫／中村桂子＝訳
1800 ゲノムが語る生命像　本庶　佑
1801 新しいウイルス入門　武村政春
1807 ジムに通う人の栄養学　岡村浩嗣
1811 栄養学を拓いた巨人たち　杉　晴夫
1812 からだの中の外界　腸のふしぎ　上野川修一
1814 牛乳とタマゴの科学　酒井仙吉

ブルーバックス　医学・薬学・心理学関係書（Ⅱ）

1820 リンパの科学　加藤征治
1830 単純な脳、複雑な「私」　池谷裕二
1831 新薬に挑んだ日本人科学者たち　塚﨑朝子
1842 記憶のしくみ（上）　ラリー・R・スクワイア／エリック・R・カンデル　小西史朗／桐野　豊＝監修
1843 記憶のしくみ（下）　ラリー・R・スクワイア／エリック・R・カンデル　小西史朗／桐野　豊＝監修
1853 図解　内臓の進化　岩堀修明
1859 放射能と人体　落合栄一郎
1874 もの忘れの脳科学　苧阪満里子
1889 社会脳からみた認知症　伊古田俊夫
1896 新しい免疫入門　審良静男／黒崎知博
1923 コミュ障　動物性を失った人類　正高信男
1929 心臓の力　柿沼由彦
1931 薬学教室へようこそ　二井將光＝編著
1943 神経とシナプスの科学　杉　晴夫
1945 芸術脳の科学　塚田　稔
1952 意識と無意識のあいだ　マイケル・コーバリス　鍛原多惠子＝訳
1953 自分では気づかない、ココロの盲点　完全版　池谷裕二
1954 発達障害の素顔　山口真美
1955 現代免疫物語beyond　岸本忠三／中嶋　彰
1956 コーヒーの科学　旦部幸博
1964 脳からみた自閉症　大隅典子
1968 脳・心・人工知能　甘利俊一
1976 不妊治療を考えたら読む本　浅田義正／河合　蘭
1978 カラー図解　はじめての生理学　上　動物機能編　田中（貴邑）冨久子
1979 カラー図解　はじめての生理学　下　植物機能編　田中（貴邑）冨久子
1988 40歳からの「認知症予防」入門　伊古田俊夫
1994 つながる脳科学　理化学研究所・脳科学総合研究センター＝編
1996 体の中の異物「毒」の科学　小城勝相
1997 欧米人とはこんなに違った日本人の「体質」　奥田昌子
2007 痛覚のふしぎ　伊藤誠二
2013 カラー図解　新しい人体の教科書（上）　山科正平
2024 カラー図解　新しい人体の教科書（下）　山科正平
2025 アルツハイマー病は「脳の糖尿病」　鬼頭昭三／新郷明子
2026 睡眠の科学　改訂新版　櫻井　武
2029 生命を支えるATPエネルギー　二井將光
2034 DNAの98％は謎　小林武彦
2050 世界を救った日本の薬　塚﨑朝子

ブルーバックス　技術・工学関係書 (I)

- 495 人間工学からの発想　小原二郎
- 911 電気とはなにか　室岡義広
- 1084 図解 わかる電子回路　加藤 肇／見城尚志／高橋 久
- 1128 原子爆弾　山田克哉
- 1236 図解 飛行機のメカニズム　柳生 一
- 1346 図解 ヘリコプター　鈴木英夫
- 1396 制御工学の考え方　木村英紀
- 1452 流れのふしぎ　石綿良三／根本光正＝著　日本機械学会＝編
- 1469 量子コンピュータ　竹内繁樹
- 1483 新しい物性物理　伊達宗行
- 1520 図解 鉄道の科学　宮本昌幸
- 1545 高校数学でわかる半導体の原理　竹内 淳
- 1553 図解 つくる電子回路　加藤ただし
- 1573 手作りラジオ工作入門　西田和明
- 1624 コンクリートなんでも小事典　土木学会関西支部＝編　井上 晋 他
- 1660 図解 電車のメカニズム　宮本昌幸＝編著
- 1676 図解 橋の科学　土木学会関西支部＝編　田中輝彦／渡邊英一 他
- 1696 ジェット・エンジンの仕組み　吉中 司
- 1717 図解 地下鉄の科学　川辺謙一
- 1797 古代日本の超技術 改訂新版　志村史夫
- 1817 東京鉄道遺産　小野田 滋

- 1845 古代世界の超技術　志村史夫
- 1866 暗号が通貨《カネ》になる「ビットコイン」のからくり　吉本佳生／西田宗千佳
- 1871 アンテナの仕組み　小暮裕明／小暮芳江
- 1879 火薬のはなし　松永猛裕
- 1887 小惑星探査機「はやぶさ2」の大挑戦　山根一眞
- 1909 飛行機事故はなぜなくならないのか　青木謙知
- 1938 門田先生の3Dプリンタ入門　門田和雄
- 1940 すごいぞ！ 身のまわりの表面科学　日本表面科学会
- 1948 すごい家電　西田宗千佳
- 1950 実例で学ぶRaspberry Pi電子工作　金丸隆志
- 1959 図解 燃料電池自動車のメカニズム　川辺謙一
- 1963 交流のしくみ　森本雅之
- 1968 脳・心・人工知能　甘利俊一
- 1970 高校数学でわかる光とレンズ　竹内 淳
- 2001 人工知能はいかにして強くなるのか？　小野田博一
- 2017 人はどのように鉄を作ってきたか　永田和宏
- 2035 現代暗号入門　神永正博
- 2038 城の科学　萩原さちこ
- 2041 時計の科学　織田一朗
- 2052 カラー図解 Raspberry Piではじめる機械学習　金丸隆志

ブルーバックス　技術・工学関係書（II）